Cómo abrir los Registros Akáshicos

Descubre cómo puedes acceder a tus registros Akáshicos de forma fácil y segura

ENDY BONETT

Créditos

© Derechos de autor 2024
Todos los derechos reservados.
Este documento está orientado a proporcionar información exacta y confiable respecto al tema en cuestión. La publicación es vendida con la idea de que el editor no está obligado a prestar servicios calificados, oficialmente permitidos o rendir cuentas de otra manera. Si algún asesoramiento es necesario, ya sea legal o profesional, debe ser ordenado a una persona con experiencia en la profesión.
De una Declaración de Principios la cual fue aceptada y aprobada igualmente por un Comité del Colegio de Abogados de los Estados Unidos y por un Comité de Editores y Asociaciones.
De ninguna manera es legal reproducir, duplicar, o transmitir cualquier parte de este documento, ya sea por medios electrónicos

Capítulo 1: Fundamentos de los Registros Akáshicos............ 03

- Origen y concepto histórico
- Naturaleza de los Registros Akáshicos
- La conexión entre los Registros Akáshicos y la conciencia universal
- Pasos para abrir los Registros Akáshicos propios.

Capítulo 2: La Importancia de la Preparación Mental, Emocional y Espiritual..11

- Energías que custodian y facilitan el acceso al Registro
- Tipos de bloqueos que nos impiden el acceso a los registros
- Creación de un espacio sagrado y protección energética
- Métodos y técnicas de acceso

Capítulo 3: Exploración de los Registros Akáshicos..............23

- Interpretación de la información recibida
- Preguntas útiles para obtener claridad y orientación
- La importancia de la intuición y la confianza en el
- Proceso de Canalización
- Proceso de Confianza

Capítulo 4: Integración y aplicación en la vida cotidiana.....32

- Cómo utilizar la información obtenida de los Registros Akáshicos en la toma de decisiones
- Mantener una conexión continua con los Registros Akáshicos
- Superando desafíos y dudas
- Obstáculos comunes en el acceso a los Registros Akáshicos
- Estrategias para superar la duda y la resistencia
- El papel del discernimiento y la autocorrección en el proceso

Capítulo 5: Guías espirituales..43

- Tipos de Guías espirituales
- Los Señores de los Registros
- Elementales de la tierra y Reinos de Gaia.
- Preparación para Canalización
- Limpieza del canal energético
- Preparación con cristales
- Tipos de cristales
- Evitar energías negativas

Capitulo 6: El Consejo Kármico..57

- Integrantes del Consejo Kármico
- Conexión y comunicación con los Guías Espirituales y ángeles
- Canal de luz

Capitulo 07: Oraciones sagradas de apertura de tus Registros Akáshicos..63

- Oraciones de cierre de la lectura de los registros Akáshicos.
- Puntos de Gracias
- Como hacer una liberación completa a través de los puntos de gracia
- Sanación del árbol Genealógico
- Registros Akáshicos y vidas pasadas
- Oración para pedir Sanación
- Oración para pedir perdón
- Oración para pedir liberación de entes, hechizos y energías negativas
- Preguntas clásicas en la apertura de los Registros
- Akáshicos
- Manos en el plano Astral

- Tipo de Música para conectar con los Registros Akáshicos

Capítulo 8: Leyes Espirituales (Consejo Kármico)...............99

- Diosa Isis en los registros Akáshicos
- Cómo saber si estoy Canalizando o si es mi imaginación
- ¿Qué es la Gracia Divina y el Camino de la Gracia Divina?

Capítulo 9: Técnica para ingresar a los Registros Akáshicos....104

- Pedido de protección y ofrenda del resultado
- Decreto de pedido de Ingreso a los Registros Akáshicos
- Entrar a los Registros Akáshicos de otras personas

Conclusión...109

Introducción

En el vasto universo de la espiritualidad y el autoconocimiento, los Registros Akáshicos representan una puerta hacia un conocimiento profundo y transformador. Son el archivo cósmico que contiene la historia de nuestras almas, registrando cada pensamiento, palabra y acción que hemos experimentado a lo largo de nuestras existencias. Acceder a estos registros es abrir una ventana hacia la sabiduría universal, ofreciendo orientación, sanación y comprensión en nuestro viaje de crecimiento personal y espiritual.

Este libro, "Cómo Abrir los Registros Akáshicos", es una guía comprensiva y práctica para aquellos que desean explorar este fascinante y misterioso reino espiritual. A través de estas páginas, te invito a embarcarte en un viaje de autoexploración y descubrimiento mientras aprendes a abrirte a la sabiduría y la guía que los Registros Akáshicos tienen para ofrecer.

Desde los fundamentos básicos hasta las técnicas avanzadas, este libro te llevará paso a paso a través del proceso de apertura de los Registros Akáshicos. Aprenderás cómo prepararte mental, emocional y espiritualmente para acceder a esta fuente de sabiduría, así como las diferentes formas de entrar en contacto con los registros y recibir la información que necesitas.

Más allá de simplemente enseñarte cómo acceder a los Registros Akáshicos, este libro también explora la importancia de la integridad, el discernimiento y la autocorrección en este proceso. Te brindará herramientas y estrategias para superar desafíos y dudas, así como para mantener una conexión continua con los registros mientras avanzas en tu camino espiritual.

Ya sea que estés dando tus primeros pasos en el mundo de los Registros Akáshicos o que ya tengas experiencia en este campo, este libro te proporcionará las herramientas y la inspiración que necesitas para profundizar en tu práctica y explorar las vastas profundidades de tu propio ser.

¡Bienvenido a este emocionante viaje hacia la apertura de los Registros Akáshicos! Que este libro sea una guía valiosa en tu búsqueda de conocimiento, crecimiento y transformación espiritual.

Capítulo 1: Fundamentos de los Registros Akáshicos

Los Registros Akáshicos, un concepto arraigado en las enseñanzas esotéricas y místicas, representan una vasta biblioteca cósmica que alberga la totalidad de la experiencia, el conocimiento y la sabiduría acumulada a lo largo del tiempo y el espacio. Se les conoce como el "archivo del alma" o la "memoria del universo", y se cree que contienen registros de cada pensamiento, emoción, acción y evento que haya ocurrido, ya sea en el pasado, el presente o el futuro.

El término "Akasha" proviene del sánscrito y se refiere al éter, el quinto elemento en la cosmología hindú, que representa el espacio etéreo o la esencia cósmica que permea todo en el universo. Así, los Registros Akáshicos se consideran como la sustancia primordial que impregna y conecta toda la existencia.

La idea detrás de los Registros Akáshicos es que cada ser humano, así como cada entidad, alma o energía consciente, tiene un registro individual en este vasto archivo. Se visualiza a menudo como un campo energético sutil que rodea y permea el cuerpo físico de cada ser, una especie de aura que contiene la historia completa de la entidad desde su creación hasta el presente, así como las potenciales futuras.

Acceder a los Registros Akáshicos implica sintonizarse con esta vasta red de conocimiento y conciencia cósmica. Se dice que hay seres, a menudo denominados "Guardianes" o "Maestros", que actúan como custodios de estos registros y facilitan el acceso a aquellos que buscan explorarlos en busca de orientación, curación y comprensión más profunda.

El acceso a los Registros Akáshicos puede lograrse a través de diversos medios, incluidas prácticas espirituales como la meditación profunda, la visualización creativa, el trabajo energético y el uso de herramientas como la escritura automática o la canalización. Sin embargo, es importante destacar que el acceso a estos registros requiere una mente abierta, un corazón receptivo y una intención pura, ya que no se trata simplemente de recopilar información, sino de abrirse a la sabiduría universal y a la guía divina.

Explorar los Registros Akáshicos puede ofrecer una profunda comprensión de uno mismo, así como una visión más amplia de la realidad y del propósito de la existencia. Puede proporcionar claridad en momentos de confusión, sanación en momentos de dolor y orientación en momentos de indecisión. Sin embargo, también es importante recordar que los registros no son fijos ni inmutables, sino que están influenciados por nuestras acciones, elecciones y percepciones individuales, lo que significa que tenemos el poder de co-crear nuestra realidad y nuestro destino.

Origen y concepto histórico

El concepto de los Registros Akáshicos tiene profundas raíces en diversas tradiciones espirituales y filosóficas de todo el mundo. Su origen se remonta a antiguas culturas y sabidurías ancestrales que han transmitido la noción de un registro cósmico que contiene la totalidad de la experiencia humana y universal. A continuación, exploraremos algunos de los aspectos históricos y conceptuales que han contribuido al desarrollo de esta idea a lo largo del tiempo:

Hinduismo y el Akasha: En la cosmología hindú, el término "Akasha" se refiere al éter, el quinto elemento que constituye la base de todo lo demás en el universo. Se considera como la esencia primordial que permea el espacio y conecta todas las cosas. Esta noción de un éter cósmico ha influido en la idea de los Registros Akáshicos como una especie de campo energético universal que contiene toda la información del pasado, presente y futuro.

Teosofía y el Libro de la Vida: A finales del siglo XIX, la teosofía, un movimiento esotérico fundado por Helena Petrovna Blavatsky, popularizó la idea de un "Libro de la Vida" o "Registros Akáshicos". Blavatsky y otros teósofos creían en la existencia de una memoria cósmica que contenía el conocimiento de todas las cosas, accesible a través de estados de conciencia elevados o prácticas espirituales avanzadas.

Filosofía Rosacruz: La Orden Rosacruz, una sociedad secreta que se remonta al siglo XVII, también ha contribuido a la concepción de los Registros Akáshicos. Se cree que los rosacruces poseen un conocimiento oculto y accesible a través de técnicas de meditación y estudio esotérico. Este conocimiento se asemeja a la idea de los registros universales que contienen la sabiduría ancestral y la verdad espiritual.

El concepto de la Biblioteca de la Memoria: En la mitología griega, se hace referencia a una "Biblioteca de la Memoria" en la que se almacenan todas las experiencias y eventos del mundo. Esta noción ha influido en la comprensión de los Registros Akáshicos como una especie de archivo universal que registra cada pensamiento, palabra y acción que ha ocurrido.

Enseñanzas espirituales contemporáneas: En la era moderna, diversos maestros espirituales, canalizadores y sanadores han popularizado y elaborado la noción de los Registros Akáshicos. Han desarrollado técnicas y prácticas para acceder a estos registros con el fin de obtener orientación, sanación y comprensión espiritual.

Naturaleza de los Registros Akáshicos

La naturaleza de los Registros Akáshicos es profundamente enigmática y se sumerge en las raíces mismas de la existencia. Se cree que estos registros constituyen una especie de "biblioteca universal" que contiene información detallada sobre cada alma, evento, lugar y momento en la historia del universo. Este concepto tiene profundas raíces en antiguas tradiciones espirituales y filosóficas, aunque ha evolucionado y se ha adaptado a lo largo del tiempo.

En la cosmología hindú, el término "Akasha" se refiere al éter, el quinto elemento que se considera la esencia primordial y el substrato cósmico del cual surgen todos los demás elementos. Según esta visión, el Akasha no solo es la materia sutil que llena el universo, sino que también es el receptáculo de la información cósmica, la memoria del cosmos.

La idea de los Registros Akáshicos también está presente en la filosofía hermética y en las enseñanzas esotéricas occidentales. Los alquimistas y místicos medievales hablaban de un "Libro de la Vida" que contenía el conocimiento esencial del universo, mientras que los teósofos del siglo XIX popularizaron la noción de un "Registro Universal" que almacenaba la historia de todas las almas y eventos.

Desde una perspectiva más moderna, la teoría cuántica ha proporcionado un marco conceptual que resuena con la noción de los Registros Akáshicos. Según la física cuántica, el universo está interconectado en un campo de energía subyacente, donde la información puede ser almacenada y accesible en cualquier momento y lugar. Esta idea de un campo unificado de información se asemeja a la noción de los Registros Akáshicos como una red cósmica de conocimiento accesible a través de la conciencia.

En términos prácticos, los Registros Akáshicos se perciben a menudo como un campo energético sutil que rodea y penetra a cada ser humano y entidad consciente. Se considera que este campo contiene la totalidad de la experiencia de cada individuo, desde su nacimiento hasta su transición y más allá. A través de técnicas como la meditación, la visualización y la canalización, se cree que uno puede acceder a estos registros y obtener información, claridad y orientación sobre su vida y su propósito.

Es importante destacar que los Registros Akáshicos no están limitados por el tiempo o el espacio, lo que significa que contienen información sobre el pasado, el presente y el futuro potencial. Sin embargo, el futuro no está predeterminado, sino que está influenciado por las elecciones y acciones individuales, lo que significa que los registros futuros pueden cambiar según nuestras decisiones y libre albedrío.

La conexión entre los Registros Akáshicos y la conciencia universal

La conexión entre los Registros Akáshicos y la conciencia universal es un tema fascinante que invita a explorar las profundidades de la mente y el cosmos. Se sostiene que los Registros Akáshicos son una manifestación de la conciencia universal en su forma más pura y completa, una especie de biblioteca cósmica que alberga la totalidad de la experiencia, el conocimiento y la sabiduría de todo lo que ha sido, es y será.

Para entender esta conexión, es esencial considerar la naturaleza misma de la conciencia universal. Según las tradiciones espirituales y filosóficas de todo el mundo, la conciencia universal es la fuerza subyacente que impregna y conecta todas las formas de vida y toda la creación. Se la percibe como una energía primordial e inteligente que anima y sostiene el universo en su totalidad.

Desde esta perspectiva, los Registros Akáshicos se consideran una manifestación o expresión de esta conciencia universal. Se visualizan como una red cósmica de información y energía que fluye a través del espacio y el tiempo, registrando cada pensamiento, emoción, acción y evento que haya ocurrido en el universo. Como tal, los Registros Akáshicos reflejan la totalidad de la conciencia universal, encapsulando su vastedad y su profundidad.

La conexión entre los Registros Akáshicos y la conciencia universal también se manifiesta en la forma en que se accede y se interpreta esta información. canalización.

Pasos para abrir los Registros Akáshicos propios.

Elevaremos nuestra energía vibratoria.

Este punto implica elevar la frecuencia vibracional de nuestro ser para alinearnos con las energías superiores y poder acceder a los Registros Akáshicos. Esto puede lograrse a través de técnicas como la meditación, la respiración consciente, la visualización, el uso de cristales, la música o la danza, entre otros métodos. Elevar nuestra energía vibratoria nos permite estar en sintonía con la información y la sabiduría que se encuentra en los Registros Akáshicos.

Protección del lugar.

Antes de abrir los Registros Akáshicos, es importante proteger el entorno físico donde se llevará a cabo la sesión. Esto puede hacerse mediante la visualización de un escudo de luz protector alrededor del espacio, la quema de hierbas purificadoras como la salvia o el palo santo, o el uso de cristales de protección. La protección del lugar ayuda a crear un ambiente seguro y sagrado para la conexión con los Registros Akáshicos.

Abrimos nuestros Registros Akáshicos con la oración de apertura.

Para iniciar la conexión con los Registros Akáshicos, se utiliza una oración de apertura que establece la intención y solicita permiso para acceder a la sabiduría y la información contenida en ellos. Esta oración puede variar según las preferencias individuales, pero generalmente incluye expresiones de humildad, gratitud y apertura espiritual hacia la experiencia que está por venir.

Siempre es mejor tenerla impresa y leerla.

Es recomendable tener la oración de apertura impresa y lista para ser leída durante la sesión de apertura de los Registros Akáshicos. Tenerla impresa garantiza que no se olviden palabras importantes o intenciones clave durante el proceso de apertura. Leer la oración en voz alta ayuda a establecer la conexión y a enfocar la mente en la intención de acceder a los Registros Akáshicos.

Esperamos la respuesta.

Después de abrir los Registros Akáshicos, es importante permanecer en un estado receptivo y receptivo para recibir la información y las respuestas que se presenten. Esto puede implicar mantener la mente abierta, estar atento a los pensamientos, sensaciones o imágenes que surjan, y confiar en la intuición y la orientación interna para interpretar la información recibida.

Agradecemos y cerramos los Registros Akáshicos.

Una vez que se ha completado la sesión de acceso a los Registros Akáshicos, es importante expresar gratitud por la experiencia y cerrar conscientemente la conexión. Esto se hace mediante una oración de cierre que agradece a los guías espirituales y a los Registros Akáshicos por su orientación y sabiduría, y que establece la intención de cerrar la conexión de manera segura y respetuosa. Cerrar los Registros Akáshicos de esta manera ayuda a mantener la integridad energética y a proteger el espacio de influencias externas.

Capítulo 2: La Importancia de la Preparación Mental, Emocional y Espiritual

Explorar los Registros Akáshicos es una empresa que va más allá de la simple búsqueda de información. Requiere una preparación integral que abarca no solo la mente, sino también el corazón y el espíritu. La preparación mental, emocional y espiritual es crucial para aprovechar al máximo esta experiencia trascendental y para acceder a los registros con claridad, integridad y respeto.

Preparación Mental:

La preparación mental implica cultivar una mente abierta, receptiva y enfoque claro. Es importante liberar la mente de prejuicios, expectativas y juicios que puedan obstaculizar el acceso a los Registros Akáshicos. La práctica regular de la meditación y la atención plena puede ayudar a calmar la mente y cultivar la claridad mental necesaria para explorar los registros con profundidad y discernimiento.

Además, la preparación mental implica desarrollar habilidades de concentración y enfoque que permitan sumergirse plenamente en la experiencia de explorar los Registros Akáshicos sin distracciones ni interferencias externas. Esto puede lograrse a través de técnicas de visualización, respiración consciente y otras prácticas que fortalezcan la capacidad de atención y concentración de la mente.

Preparación Emocional:

La preparación emocional es igualmente importante, ya que los Registros Akáshicos pueden evocar una amplia gama de emociones y sentimientos. Es fundamental cultivar la estabilidad emocional y la apertura del corazón para recibir la información que surge de los registros de manera equilibrada y sin resistencia.

Esto implica enfrentar y procesar cualquier miedo, ansiedad o conflicto emocional que pueda surgir durante la exploración de los Registros Akáshicos. La práctica de la autoaceptación, el perdón y la compasión hacia uno mismo y hacia los demás puede ayudar a crear un espacio emocional seguro y receptivo para la experiencia.

Además, la preparación emocional implica estar dispuesto a enfrentar la verdad y la autenticidad que pueden surgir de los registros, incluso si esto implica confrontar aspectos dolorosos o desafiantes de uno mismo o de su historia personal. La disposición a abrazar todas las experiencias con amor y aceptación es esencial para una exploración profunda y significativa de los Registros Akáshicos.

Preparación Espiritual:

La preparación espiritual se centra en establecer una conexión profunda con el ser interior y con la dimensión espiritual del universo. Esto implica cultivar una práctica espiritual sólida que nutra y fortalezca el vínculo con la fuente divina o con la energía cósmica que subyace a toda la creación.

La preparación espiritual puede incluir rituales, ceremonias, oraciones, invocaciones o cualquier otra práctica que ayude a elevar la conciencia y a sintonizarse con la sabiduría y la guía divina. Es importante establecer una intención clara y pura de buscar la verdad y el conocimiento en el viaje hacia los Registros

Akáshicos, así como estar abierto a recibir la orientación y la inspiración que surjan durante la exploración.

Además, la preparación espiritual implica cultivar una actitud de humildad, reverencia y gratitud hacia el proceso de explorar los Registros Akáshicos. Reconocer la profunda conexión entre el individuo y el cosmos, así como la interdependencia de todas las formas de vida, puede abrir la puerta a una experiencia transformadora y enriquecedora de conexión con lo divino y lo sagrado.

Energías que custodian y facilitan el acceso al Registro

Cuando la información entra en el campo de nuestra conciencia se modifica, por eso está custodiada por energías divinas. Cuando se produce una modificación, siempre es sanadora, porque se impregna de la Luz que le permite manifestarse en una frecuencia superior.
Las energías que invocamos para que eleven nuestra propia frecuencia y permitan el despliegue del Akasha, pertenecen a un plano de asistencia. Es la frecuencia más elevada a la que puede acceder un ser humano sin llegar a fusionarse con la Fuente. Es Dios manifestándose en el ser humano con conciencia de sí mismo, por eso está al alcance de todos, porque es la Esencia Divina. Somos eso.

Este Plano de asistencia divina emana de la divina fuente, a través del mismo poseemos un vínculo especial con Dios. Este plano de conciencia nos guía, protege, e inspirara. Su objetivo es el de servirnos y estimularnos para desarrollar y ampliar nuestra conciencia.

Ofrece sustento e inspiración espiritual. Nos proporciona revelación y nos suministra las herramientas necesarias para nuestro desarrollo evolutivo. Nos ofrecen la cualidad mas elevada de ayuda y amor celestiales que podamos usar en nuestras vidas diarias.

Nos da su Luz y fuerza para guiarnos de vuelta al poder de nuestro interior, a través del cual podemos convertirnos en co-creadores del universo junto con la Fuente.

Nos muestra la realidad sin límites de la divinidad. Cuando aceptamos su asistencia, estamos invitando a los milagros a que entren en nuestras vidas.

Tipos de bloqueos que nos impiden el acceso a los registros

Los bloqueos que pueden obstaculizar el acceso a los Registros Akáshicos varían según la persona y su experiencia individual. Sin embargo, algunos bloqueos comunes que podrían interferir con el acceso efectivo a los Registros incluyen:

Bloqueos emocionales: Las emociones reprimidas o no procesadas pueden crear bloqueos en el acceso a los Registros Akáshicos. El miedo, la ira, la tristeza o la ansiedad pueden actuar como barreras que dificultan la conexión con la información almacenada en los Registros.

Bloqueos mentales: Las creencias limitantes, los patrones de pensamiento negativo o la duda pueden crear bloqueos mentales que dificultan la apertura a la sabiduría de los Registros Akáshicos.

La mente racional puede interferir con la capacidad de confiar en la intuición y en la información recibida.

Bloqueos energéticos: Los bloqueos en el flujo de energía a través del cuerpo pueden afectar la capacidad de acceder a los Registros Akáshicos. Esto puede incluir bloqueos en los chakras, en los meridianos energéticos o en el campo áurico, que pueden limitar la capacidad de recibir información clara y precisa.

Miedo al desconocido: El miedo al proceso de apertura de los Registros Akáshicos o al contenido que se pueda encontrar puede actuar como un bloqueo significativo. El miedo al contacto con lo desconocido puede impedir que una persona se abra plenamente a la experiencia.

Falta de práctica o confianza: La falta de experiencia o de confianza en las propias habilidades puede ser un bloqueo en sí mismo. La práctica regular y la confianza en uno mismo son importantes para superar este tipo de bloqueo y desarrollar una conexión sólida con los Registros Akáshicos.

Bloqueos kármicos: Los bloqueos derivados de vidas pasadas o de patrones kármicos pueden influir en la capacidad de acceder a los Registros Akáshicos en esta vida. Estos bloqueos pueden requerir un trabajo más profundo de sanación y liberación para ser superados.

Creación de un espacio sagrado y protección energética

La creación de un espacio sagrado y la protección energética son aspectos esenciales al explorar los Registros Akáshicos, ya que proporcionan un entorno propicio para la conexión con la sabiduría universal y la exploración de la conciencia cósmica. Establecer un espacio sagrado implica crear un ambiente físico y energético que esté imbuido de intención, reverencia y respeto, mientras que la protección energética ayuda a mantener la integridad y la seguridad durante la experiencia de exploración de los registros.

Creación de un Espacio Sagrado:

La creación de un espacio sagrado comienza con la elección de un lugar tranquilo y cómodo donde uno pueda sumergirse en la práctica sin distracciones externas. Puede ser útil dedicar una habitación, un rincón o incluso un altar específico para esta práctica, adornándolo con elementos que inspiren calma, serenidad y conexión espiritual, como velas, incienso, cristales, imágenes sagradas o símbolos que representen la divinidad.

Una vez que se ha seleccionado el espacio físico, es importante establecer una intención clara y sagrada para el mismo. Esto puede hacerse a través de una breve ceremonia o ritual en la que se invoca la presencia de las energías divinas y se establece la intención de explorar los Registros Akáshicos con humildad, reverencia y respeto. Se pueden recitar oraciones, mantras o invocaciones que resuenen con la propia tradición espiritual o con la energía del espacio.

Además, la creación de un espacio sagrado implica mantenerlo limpio, ordenado y libre de energías discordantes. Esto puede implicar la limpieza regular del espacio con incienso, sahumerios, sonidos de cuencos tibetanos o cristales de limpieza energética, así como la disposición de objetos sagrados que actúen como protectores y amplificadores de la energía positiva.

Protección Energética:

La protección energética es crucial para mantener la integridad y la seguridad durante la exploración de los Registros Akáshicos, especialmente cuando se trabaja con energías sutiles y desconocidas. Hay varias técnicas que se pueden utilizar para protegerse energéticamente y mantener un espacio seguro durante la práctica:

Visualización: Imaginar un escudo de luz o una burbuja de protección que rodee el cuerpo y el espacio sagrado, impidiendo la entrada de energías no deseadas o negativas.

- **Invocación:** Pedir la protección y la guía de seres divinos, como ángeles, guías espirituales o guardianes, para que rodeen y protejan el espacio durante la práctica.
- **Cristales:** Colocar cristales protectores, como la turmalina negra o el cuarzo ahumado, alrededor del espacio sagrado para absorber y disipar energías negativas.
- **Saludar a los Guardianes:** Invocar a los guardianes de los Registros Akáshicos para que protejan y guíen la experiencia, asegurando que solo las energías más elevadas y benévolas estén presentes durante la exploración.

Métodos y técnicas de acceso

Acceder a los Registros Akáshicos es una experiencia profundamente espiritual que requiere enfoque, preparación y apertura mental. En este capítulo, exploraremos diversos métodos y técnicas que pueden utilizarse para acceder a estos registros cósmicos y recibir su sabiduría y orientación.

Meditación Profunda:

La meditación profunda es uno de los métodos más efectivos para acceder a los Registros Akáshicos. Al sumergirse en un estado de profunda relajación y atención plena, uno puede abrir la puerta a la conciencia cósmica y conectarse con la vasta biblioteca de información que reside en los registros.

Durante la meditación, uno puede visualizar una puerta o portal que conduce a los Registros Akáshicos. Al enfocar la mente y mantener la intención de acceder a estos registros, uno puede abrirse a la experiencia y permitir que la información fluya libremente hacia la conciencia.

Visualización Creativa:

La visualización creativa es otra técnica poderosa para acceder a los Registros Akáshicos. A través de la imaginación y la visualización guiada, uno puede crear un espacio sagrado dentro de la mente donde pueda conectarse con la sabiduría universal.

Durante la visualización, uno puede imaginarse a sí mismo caminando por un pasillo lleno de libros o deslizándose por un río de luz que lleva a los registros. Al visualizar este proceso, uno puede abrirse a la experiencia de recibir información y orientación de los registros de manera clara y vívida.

Escritura Automática:

La escritura automática es una técnica en la que se permite que la pluma fluya libremente sobre el papel sin ningún tipo de censura o control consciente. Al abrirse a la inspiración intuitiva, uno puede acceder a los Registros Akáshicos y recibir mensajes, visiones y orientación que provienen de un nivel más profundo de conciencia.

Durante la escritura automática, es importante mantener la mente abierta y receptiva, permitiendo que las palabras y los símbolos fluyan sin esfuerzo desde el subconsciente. Al hacerlo, uno puede capturar la esencia de la sabiduría universal que reside en los registros y utilizarla para obtener claridad y orientación en la vida cotidiana.

Canalización:

La canalización es un proceso en el que uno actúa como un canal o receptor de información y energía procedente de fuentes superiores, como guías espirituales, maestros ascendidos o seres de luz. Al abrirse a la canalización, uno puede acceder a los Registros Akáshicos y recibir mensajes y orientación directamente de estas fuentes.

Durante la canalización, uno puede entrar en un estado de profunda conexión y receptividad, permitiendo que la energía fluya a través de ellos y se exprese en forma de palabras, imágenes o sensaciones. Al hacerlo, uno puede recibir información precisa y transformadora que proviene de los registros cósmicos y utilizarla para el crecimiento espiritual y la evolución personal.

Mantras y Afirmaciones:

Utilizar mantras o afirmaciones puede ayudar a calmar la mente y abrir la puerta a los Registros Akáshicos. Puedes repetir un mantra como "Soy receptivo/a a la sabiduría de los Registros Akáshicos" o "Abro mi corazón y mi mente para recibir orientación divina". Estas afirmaciones pueden ayudar a establecer una intención clara y a sintonizarte con la energía de los registros.

Viaje Astral o Proyección Mental:

Algunas personas experimentan acceder a los Registros Akáshicos durante experiencias de viaje astral o proyección mental. Durante estas experiencias, el alma se separa del cuerpo físico y puede explorar libremente otros planos de existencia, incluidos los Registros Akáshicos. Es importante practicar estas técnicas con precaución y con la orientación adecuada.

Uso de Cristales:

Algunas personas utilizan cristales como herramientas para acceder a los Registros Akáshicos. Se cree que ciertos cristales, como la amatista, el cuarzo transparente o el lapislázuli, tienen propiedades energéticas que pueden facilitar la conexión con la información cósmica. Puedes sostener un cristal en tus manos durante la meditación o colocarlo cerca de ti mientras trabajas con los registros.

Rituales de Invocación:

Realizar un ritual de invocación puede ayudar a establecer una conexión sagrada con los Registros Akáshicos. Puedes crear un altar con elementos simbólicos que representen tu intención, como velas, incienso, símbolos sagrados o imágenes de tus guías espirituales. Luego, puedes recitar una oración o invocación para pedir permiso y orientación para acceder a los registros.

Registros Akáshicos Guiados:

Participar en una sesión guiada por un terapeuta o practicante experimentado en Registros Akáshicos puede ser una forma efectiva de acceder a esta información. Durante la sesión, el facilitador te guiará a través de un proceso de relajación y visualización para ayudarte a conectarte con los registros y recibir orientación e insights.

Trabajo Energético:

El trabajo energético implica manipular y equilibrar la energía del cuerpo para facilitar la conexión con los Registros Akáshicos. Puedes utilizar técnicas como la limpieza energética, la alineación de chakras o la canalización de energía universal para preparar tu campo energético y abrirte a la información de los registros.

Trance o Estados Alterados de Conciencia:

Entrar en un estado de trance o en estados alterados de conciencia puede facilitar el acceso a los Registros Akáshicos. Esto puede lograrse a través de técnicas de respiración, tamboreo, danza extática o el uso de sonidos binaurales o isocrónicos. Estos estados de conciencia pueden ayudar a calmar la mente y permitir que la información de los registros fluya más fácilmente.

Preguntas Reflexivas:

Hacer preguntas reflexivas antes de entrar en un estado meditativo puede ayudar a dirigir tu atención hacia áreas específicas que deseas explorar en los Registros Akáshicos. Puedes reflexionar sobre temas como tu propósito de vida, desafíos actuales o áreas en las que buscas orientación. Estas preguntas pueden actuar como un faro para guiar tu exploración y abrirte a la información relevante.

Interpretación de Sueños:

Los sueños a menudo contienen mensajes y simbolismo que pueden provenir de los Registros Akáshicos. Mantener un diario de sueños y practicar la interpretación de sueños puede ser una forma poderosa de acceder a esta información. Puedes establecer la intención de recibir orientación o respuestas a través de tus sueños antes de irte a dormir.

Trabajo con Guías Espirituales:

Trabajar con guías espirituales o seres de luz puede facilitar el acceso a los Registros Akáshicos. Puedes invocar la presencia de tus guías antes de comenzar una sesión de exploración y pedir su ayuda y orientación en tu búsqueda de información. Puedes sentir su presencia, recibir mensajes intuitivos o visualizar su guía durante tu práctica.

Música y Sonidos Sagrados:

La música y los sonidos sagrados pueden actuar como puertas de entrada a los Registros Akáshicos. Puedes crear un ambiente propicio para la exploración utilizando música con frecuencias específicas, como tonos binaurales o música chamánica. La vibración y la melodía pueden ayudar a sintonizar tu mente y tu corazón con la frecuencia de los registros cósmicos.

Estos métodos adicionales ofrecen diferentes enfoques para acceder a los Registros Akáshicos y pueden complementar tus prácticas existentes o inspirarte a explorar nuevas formas de conexión con esta fuente de sabiduría universal. Experimenta con diferentes técnicas y observa cómo respondes a ellas para descubrir cuáles te resuenan más y te brindan una experiencia más profunda y significativa.

Capítulo 3: Exploración de los Registros Akáshicos

La exploración de los Registros Akáshicos es un viaje profundo hacia el núcleo mismo de la conciencia universal. En este capítulo, nos sumergiremos en los diferentes aspectos de esta experiencia transformadora, explorando cómo acceder a los registros, interpretar la información que se encuentra dentro de ellos y aplicarla en nuestra vida diaria.

Acceso a los Registros Akáshicos:

Para acceder a los Registros Akáshicos, es fundamental establecer un estado mental, emocional y espiritual receptivo. Mediante prácticas como la meditación, la visualización creativa y la conexión con guías espirituales, podemos abrir una puerta a esta fuente infinita de sabiduría cósmica. Es importante recordar que cada individuo puede encontrar su propio camino único para acceder a los registros, y es crucial confiar en la intuición y seguir el flujo de la experiencia.

Exploración Profunda:

Una vez que hemos accedido a los Registros Akáshicos, podemos sumergirnos en la vastedad de la información que contienen. Esto puede implicar explorar registros individuales, eventos pasados, presentes y potenciales futuros, así como temas específicos relacionados con nuestro crecimiento espiritual, nuestras relaciones o nuestro propósito de vida. Es esencial mantener una mente abierta y receptiva durante esta exploración, permitiendo que la información fluya libremente y sin prejuicios.

Interpretación y Comprensión:

La interpretación de la información que encontramos en los Registros Akáshicos puede ser un proceso complejo y significativo. Es importante recordar que la verdad puede presentarse de muchas formas y que nuestra comprensión puede evolucionar con el tiempo. Al interpretar la información, podemos confiar en nuestra intuición, en las señales y símbolos que recibimos, así como en la guía de nuestros guías espirituales. Mantener un sentido de apertura y flexibilidad nos permite recibir la sabiduría de los registros de manera más completa y auténtica.

Aplicación Práctica:

La verdadera magia de explorar los Registros Akáshicos radica en su aplicación práctica en nuestra vida diaria. Podemos utilizar la información y la orientación que recibimos de los registros para tomar decisiones más informadas, superar desafíos y obstáculos, y avanzar en nuestro camino espiritual. Al integrar esta sabiduría en nuestra vida cotidiana, podemos vivir con mayor autenticidad, propósito y conexión con la verdad más profunda de nuestro ser.

Ética y Responsabilidad:

Es importante explorar los Registros Akáshicos con un profundo sentido de ética y responsabilidad. Debemos honrar la confidencialidad de la información que recibimos y utilizarla para el beneficio más elevado de todos los seres. Además, es crucial mantener una actitud de respeto y gratitud hacia los Registros Akáshicos y todos los seres que facilitan nuestra conexión con ellos, reconociendo la sagrada naturaleza de esta experiencia.

Interpretación de la información recibida

La interpretación de la información recibida de los Registros Akáshicos es un proceso delicado y significativo que requiere atención y discernimiento. Al sumergirnos en esta vasta fuente de sabiduría cósmica, es crucial adoptar una mentalidad abierta y receptiva, permitiendo que la información fluya libremente y sin prejuicios.

La interpretación comienza con la disposición a recibir la verdad en todas sus formas, reconociendo que la sabiduría de los registros puede manifestarse de manera simbólica, metafórica o incluso enigmática. Es importante estar atento a las señales, símbolos y mensajes que resonan con nuestra intuición más profunda, reconociendo que la verdad puede presentarse de formas inesperadas y diversas.

Al interpretar la información, podemos confiar en nuestra intuición y en la guía de nuestros guías espirituales, permitiendo que nos dirijan hacia la comprensión más profunda de lo que se nos está revelando. Es posible que ciertos símbolos o imágenes nos transmitan mensajes más claros que otros, y es importante estar receptivos a estas revelaciones intuitivas.

Además, la interpretación puede implicar reflexionar sobre cómo la información recibida resuena con nuestra experiencia personal y nuestro conocimiento previo. Puede ser útil explorar cómo la información se relaciona con nuestros desafíos actuales, nuestro crecimiento espiritual o nuestro propósito de vida, permitiéndonos extraer lecciones y orientación práctica de los registros.

Es esencial mantener un sentido de apertura y flexibilidad durante el proceso de interpretación, reconociendo que nuestra comprensión puede evolucionar con el tiempo a medida que profundizamos en la exploración de los registros y expandimos nuestra conciencia. La verdad puede revelarse en capas, y es importante estar dispuestos a explorar profundamente y a permanecer receptivos a nuevas perspectivas y entendimientos.

En última instancia, la interpretación de la información recibida de los Registros Akáshicos es un proceso personal y único para cada individuo. Al mantener una mente abierta, un corazón receptivo y una actitud de confianza y gratitud hacia la sabiduría de los registros, podemos encontrar claridad, orientación y transformación en nuestro viaje espiritual.

Preguntas útiles para obtener claridad y orientación

Al explorar los Registros Akáshicos, hacer preguntas claras y poderosas puede ser fundamental para obtener la claridad y orientación que buscamos. Aquí tienes algunas preguntas útiles que pueden ayudarte en este proceso:

- ¿Cuál es mi propósito más elevado en esta vida y cómo puedo alinearme más plenamente con él?

- ¿Cuáles son los desafíos que estoy enfrentando actualmente y cuál es la lección o el mensaje detrás de ellos?

- ¿Qué pasos puedo tomar para sanar aspectos específicos de mi vida, ya sea física, emocional, mental o espiritualmente?

- ¿Cuál es el próximo paso importante en mi camino espiritual o de crecimiento personal?

- ¿Cómo puedo mejorar mis relaciones personales y conectar más profundamente con los demás?

- ¿Qué dones, talentos o habilidades únicas poseo que puedo utilizar para servir a los demás y al mundo?

- ¿Cuál es el significado detrás de ciertos patrones recurrentes en mi vida y cómo puedo liberarlos o transformarlos?

- ¿Cuál es la lección principal que debo aprender en este

momento de mi vida?

- ¿Cómo puedo mejorar mi conexión con mi intuición y recibir orientación más clara en mi día a día?

- ¿Qué pasos puedo tomar para vivir una vida más alineada con mi verdadera esencia y autenticidad?

- ¿Cuáles son mis mayores lecciones de vidas pasadas y cómo pueden influir en mi vida actual?

- ¿Qué bloqueos o limitaciones están obstaculizando mi crecimiento espiritual y cómo puedo superarlos?

- ¿Qué aspectos de mí mismo debo sanar para vivir en un estado de mayor equilibrio y armonía?

- ¿Cómo puedo cultivar una relación más profunda y significativa con mi ser interior y mi conexión con lo divino?

-
- ¿Qué decisiones o elecciones me llevarán hacia mi mayor bienestar y felicidad?

- ¿Qué cambios puedo hacer en mi vida para alinearme más plenamente con mi verdadera pasión y propósito?

- ¿Cómo puedo liberar el miedo y la duda que me impiden avanzar en mi camino?

- ¿Qué mensajes o enseñanzas específicas tienen mis guías espirituales para mí en este momento?

La importancia de la intuición y la confianza en el

- ¿Cómo puedo mejorar mi capacidad para manifestar mis deseos más elevados y crear la vida que realmente deseo?

- ¿Cuál es el regalo más grande que tengo para ofrecer al mundo y cómo puedo compartirlo con amor y generosidad?

Proceso de Canalización

La canalización es un proceso espiritual en el que una persona actúa como canal o intermediario para recibir y transmitir información de fuentes no físicas. Esta práctica se utiliza en diversas tradiciones espirituales y puede implicar la conexión con guías espirituales, seres de luz, maestros ascendidos o incluso entidades angélicas.

El proceso de canalización comienza con la preparación mental, emocional y espiritual del canalizador. Esto implica entrar en un estado de relajación profunda, liberando la mente de pensamientos intrusivos y permitiendo que fluya la energía positiva. La meditación y la visualización suelen ser herramientas útiles para alcanzar este estado receptivo.

Una vez que el canalizador está en un estado receptivo, puede comenzar a invocar la presencia de las entidades o energías con las que desea conectar. Esto puede implicar la recitación de afirmaciones, la realización de rituales específicos o simplemente la intención clara y enfocada de abrirse a la comunicación.

Durante la canalización, el canalizador actúa como un puente entre el mundo físico y el mundo espiritual. Se convierte en un recipiente receptivo para la información que se transmite y puede experimentar sensaciones, emociones o impresiones intuitivas que acompañan la comunicación.

Es importante tener en cuenta que la canalización no implica necesariamente una pérdida de conciencia o control por parte del canalizador. En cambio, es más como un estado de colaboración consciente en el que el canalizador está plenamente presente y consciente de lo que está ocurriendo, mientras permite que la información fluya a través de él o ella.

Al finalizar la canalización, el canalizador puede tomar tiempo para integrar y procesar la información recibida. Esto puede implicar la reflexión, la escritura en un diario o la discusión con otros sobre las experiencias canalizadas.

Proceso de Confianza

La intuición y la confianza son aspectos fundamentales en el proceso de exploración de los Registros Akáshicos. Estas cualidades nos guían en nuestro viaje hacia la comprensión y la conexión con la sabiduría universal que reside en estos registros cósmicos.

La intuición, esa voz interior que surge desde lo más profundo de nuestro ser, es nuestra brújula interna en este viaje espiritual. Es una forma de conocimiento que trasciende la lógica y el razonamiento, permitiéndonos acceder a la verdad más allá de las limitaciones de la mente racional. En el contexto de los Registros Akáshicos, la intuición actúa como un canal a través del cual podemos recibir mensajes, símbolos y orientación directamente de la fuente divina.

La confianza, por otro lado, es la fe inquebrantable en el proceso y en nosotros mismos. Es la creencia en nuestra capacidad para acceder a la sabiduría de los registros y para interpretar la información de manera significativa y auténtica. La confianza nos permite abrirnos completamente a la experiencia, dejando de lado cualquier duda o miedo que pueda obstaculizar nuestra conexión con los registros.

Cuando confiamos en nuestra intuición, estamos permitiendo que nuestra sabiduría interior nos guíe en el proceso de exploración de los Registros Akáshicos. Esto significa estar receptivos a las señales y mensajes que recibimos, incluso si no entendemos completamente su significado en el momento presente. A medida que cultivamos esta confianza en nuestra intuición, desarrollamos una mayor claridad y discernimiento en nuestra interpretación de la información de los registros.

Es importante recordar que la intuición y la confianza son habilidades que se pueden cultivar y fortalecer con la práctica continua. Esto puede implicar dedicar tiempo a la meditación y la introspección, así como confiar en nuestras experiencias y en las sincronicidades que se manifiestan en nuestras vidas. A medida que aprendemos a confiar en nuestra intuición y en el proceso de exploración de los Registros Akáshicos, nos abrimos a un mundo de posibilidades ilimitadas y descubrimos una profunda conexión con la sabiduría universal que reside en nuestro interior.

Capítulo 4: Integración y aplicación en la vida cotidiana

Explorar los Registros Akáshicos es solo el comienzo de un viaje transformador. La verdadera magia reside en la capacidad de integrar la sabiduría y la orientación recibidas en nuestra vida diaria. En este capítulo, exploraremos cómo podemos aplicar los insights y las enseñanzas de los registros en nuestras acciones, relaciones y crecimiento personal.

Vivir desde la Conciencia Despierta:

La exploración de los Registros Akáshicos nos permite expandir nuestra conciencia y ver el mundo desde una perspectiva más elevada. Al integrar esta conciencia despierta en nuestra vida cotidiana, podemos tomar decisiones más conscientes y alineadas con nuestra verdad interior. Esto implica estar presentes en el momento presente, practicar la atención plena y cultivar una conexión continua con nuestra sabiduría interna.

Tomar Decisiones Informadas:

La sabiduría de los Registros Akáshicos nos ofrece una guía invaluable para tomar decisiones informadas en nuestra vida. Podemos consultar los registros cuando enfrentamos decisiones importantes o momentos de indecisión, permitiendo que la información recibida nos oriente hacia el camino más alineado con nuestro propósito y bienestar. Al confiar en esta guía interna, podemos tomar decisiones con mayor confianza y claridad.

Sanación y Transformación Personal:

Los Registros Akáshicos son una fuente poderosa de sanación y transformación personal. Podemos utilizar la información y la orientación recibidas para identificar y sanar patrones de comportamiento limitantes, traumas pasados o bloqueos energéticos que puedan estar interfiriendo en nuestro crecimiento y bienestar. Al trabajar conscientemente con la sabiduría de los registros, podemos liberar el pasado y abrirnos a un futuro lleno de posibilidades y potencialidades.

Navegación de Relaciones:

La exploración de los Registros Akáshicos también puede ofrecer una perspectiva única sobre nuestras relaciones personales. Podemos consultar los registros para comprender mejor las dinámicas de nuestras relaciones, resolver conflictos o establecer límites saludables. Al honrar la sabiduría de los registros en nuestras interacciones con los demás, podemos cultivar relaciones más auténticas, amorosas y significativas.

Manifestación Consciente:

Los Registros Akáshicos pueden ser una herramienta poderosa para la manifestación consciente. Al alinear nuestras intenciones y deseos con la sabiduría de los registros, podemos co-crear nuestra realidad de acuerdo con nuestro más alto bien y propósito. Esto implica establecer intenciones claras, visualizar nuestros objetivos y confiar en el proceso divino de manifestación. Al integrar esta práctica en nuestra vida diaria, podemos manifestar nuestros sueños y aspiraciones con mayor facilidad y fluidez.

Cómo utilizar la información obtenida de los Registros Akáshicos en la toma de decisiones

Utilizar la información obtenida de los Registros Akáshicos en la toma de decisiones es un proceso que requiere claridad, discernimiento y confianza en la sabiduría universal que reside en estos registros cósmicos. Aquí hay algunas formas en las que puedes integrar esta información en tu proceso de toma de decisiones:

1. Escucha tu intuición:

La intuición es una herramienta poderosa para discernir la verdad y tomar decisiones alineadas con tu camino más elevado. Después de acceder a los Registros Akáshicos, tómate un tiempo para sintonizarte con tu intuición y observa las sensaciones, sentimientos o corazonadas que surgen en tu interior. Estas pueden ser señales importantes que te guíen en la dirección correcta.

2. Establece una conexión con la información recibida:

Después de explorar los Registros Akáshicos, tómate un tiempo para reflexionar sobre la información recibida y cómo se relaciona con la decisión que debes tomar. Busca patrones, mensajes recurrentes o símbolos que puedan ofrecerte una guía clara sobre cuál es el camino correcto a seguir.

3. Considera las implicaciones a largo plazo:

Al tomar decisiones basadas en la información de los Registros Akáshicos, es importante considerar las implicaciones a largo plazo de tus acciones. Reflexiona sobre cómo tus decisiones pueden afectar no solo tu vida en el momento presente, sino también tu crecimiento espiritual, tus relaciones y tu bienestar futuro.

4. Confía en el proceso:

Confía en que la información que has recibido de los Registros Akáshicos es precisa y relevante para tu situación actual. Aunque puede que no entiendas completamente el significado de la información en el momento presente, confía en que se revelará de manera perfecta en el momento adecuado y en el contexto adecuado.

5. Actúa con valentía y confianza:

Una vez que hayas integrado la información de los Registros Akáshicos en tu proceso de toma de decisiones, actúa con valentía y confianza en la dirección que te señala tu intuición y la sabiduría de los registros. Confía en que estás tomando la mejor decisión posible dadas las circunstancias y que estás siguiendo tu camino más elevado.

6. Agradece y honra la orientación recibida:

Finalmente, agradece y honra la orientación que has recibido de los Registros Akáshicos, reconociendo la conexión sagrada que tienes con la sabiduría universal. Date cuenta de que estás siendo guiado y apoyado en tu viaje, y que tienes acceso a una fuente infinita de sabiduría y orientación en todo momento.

Mantener una conexión continua con los Registros Akáshicos

Mantener una conexión continua con los Registros Akáshicos es un compromiso profundo con nuestra propia espiritualidad y autoconocimiento. Requiere una práctica constante y una mentalidad abierta para recibir y procesar la información que proviene de esta fuente de sabiduría cósmica.

Una forma de cultivar esta conexión es a través de la práctica regular de la meditación. La meditación nos ayuda a aquietar la mente y abrir el corazón, lo que nos permite sintonizarnos con la vibración de los Registros Akáshicos. Durante la meditación, podemos establecer una intención clara de conectarnos con esta fuente de sabiduría y permitir que la información fluya hacia nosotros de manera natural.

Además de la meditación, la escucha activa y la receptividad son fundamentales para mantener una conexión continua con los Registros Akáshicos en nuestra vida diaria. Esto implica estar atentos a las señales y sincronicidades que nos rodean, y estar abiertos a recibir orientación y apoyo en cualquier momento. A menudo, los mensajes de los Registros Akáshicos pueden llegar de formas inesperadas, a través de conversaciones con amigos, libros que leemos o incluso sueños que tenemos.

El diálogo interior y la reflexión personal también son herramientas importantes en este proceso. Al tomarnos el tiempo para reflexionar sobre nuestras experiencias, pensamientos y emociones, podemos sintonizarnos con la sabiduría interna que reside en nuestro ser y en los registros cósmicos. Esto nos permite recibir claridad y orientación en nuestras decisiones y acciones diarias.

Las prácticas creativas y espirituales también pueden ayudarnos a mantener una conexión continua con los Registros Akáshicos. Ya sea a través del arte, la música, la escritura o el yoga, estas prácticas nos ayudan a abrirnos a la inspiración divina y a la sabiduría intuitiva que fluye a través de nosotros. Al participar en estas actividades regularmente, nutrimos nuestra conexión con los registros cósmicos y fortalecemos nuestro crecimiento espiritual.

Finalmente, la gratitud y la apreciación son aspectos fundamentales de mantener una conexión continua con los Registros Akáshicos. Al expresar gratitud por las bendiciones y las lecciones que recibimos en nuestra vida, honramos la sabiduría divina que fluye a través de nosotros y fortalecemos nuestra conexión con los registros cósmicos. Al mantenernos en un estado de gratitud y aprecio, estamos abiertos a recibir aún más orientación y apoyo de los Registros Akáshicos en nuestra vida diaria.

Superando desafíos y dudas

Cuando nos enfrentamos a desafíos y dudas en nuestro camino hacia la exploración de los Registros Akáshicos, es esencial abordar estos obstáculos con comprensión y apertura. En lugar de verlos como barreras insuperables, podemos considerarlos como oportunidades para crecer y profundizar en nuestra comprensión espiritual.

Es común que las dudas surjan cuando nos enfrentamos a lo desconocido o cuando nos cuestionamos la autenticidad de nuestras experiencias espirituales. En estos momentos, es útil tomarse un tiempo para reflexionar sobre las raíces de esas dudas. ¿Provienen de creencias limitantes arraigadas en nuestra mente? ¿Se originan en el miedo al juicio de los demás? Al identificar estas causas subyacentes, podemos abordarlas con compasión y trabajar para liberarnos de su influencia.

Para superar estos desafíos, es fundamental cultivar una confianza interna sólida en nuestras capacidades y en nuestra conexión con la sabiduría universal. Esto implica recordar que cada uno de nosotros tiene acceso a una fuente ilimitada de sabiduría y orientación dentro de nosotros mismos. Al confiar en nuestra intuición y en la guía de los Registros Akáshicos, podemos enfrentar los desafíos con valentía y determinación.

Mantener una mente abierta y receptiva es otro aspecto crucial en la superación de desafíos y dudas. A medida que exploramos los Registros Akáshicos, es posible que nos encontremos con información o experiencias que desafíen nuestras creencias preconcebidas. En lugar de rechazar automáticamente lo que no entendemos o lo que contradice nuestras ideas preexistentes, podemos acoger estas experiencias con curiosidad y disposición a aprender. Esto nos permite expandir nuestra comprensión y profundizar en nuestro viaje espiritual.

Obstáculos comunes en el acceso a los Registros Akáshicos

Los obstáculos comunes en el acceso a los Registros Akáshicos pueden variar de una persona a otra, pero algunos de los desafíos más frecuentes incluyen:

Mente inquieta: La dificultad para aquietar la mente y entrar en un estado de receptividad puede ser un obstáculo importante. La mente puede estar llena de pensamientos, preocupaciones o distracciones, lo que dificulta la concentración necesaria para acceder a los Registros Akáshicos.

Dudas y escepticismo: La incredulidad o el escepticismo pueden bloquear el acceso a los Registros Akáshicos. Si una persona no está convencida de la existencia de los Registros o de su capacidad para acceder a ellos, es probable que experimente dificultades para conectar con esta fuente de información.

Miedo al desconocido: El temor a lo desconocido o a lo que se pueda encontrar en los Registros Akáshicos puede crear resistencia interna y bloquear el acceso. El miedo a enfrentar traumas pasados, información desconcertante o responsabilidades espirituales puede ser un obstáculo importante para algunas personas.

Falta de confianza en la intuición: Acceder a los Registros Akáshicos requiere confiar en la intuición y en la información que se recibe de manera intuitiva. Aquellas personas que no confían en su propia intuición pueden tener dificultades para interpretar correctamente la información que reciben de los Registros.

Expectativas demasiado altas o específicas: Tener expectativas excesivamente altas o específicas sobre lo que se espera encontrar en los Registros Akáshicos puede generar frustración y obstaculizar el acceso. Es importante mantener una mente abierta y receptiva, sin apegarse demasiado a resultados concretos.

Falta de práctica y experiencia: Acceder a los Registros Akáshicos es una habilidad que puede requerir práctica y experiencia para desarrollarse plenamente. Aquellas personas que son nuevas en este proceso pueden enfrentar obstáculos debido a la falta de experiencia y familiaridad con la práctica.

Bloqueos emocionales o energéticos: Los bloqueos emocionales o energéticos pueden interferir con el acceso a los Registros Akáshicos. Traumas pasados, emociones reprimidas o bloqueos energéticos pueden crear barreras que impidan la conexión con esta fuente de información.

Estrategias para superar la duda y la resistencia

Cuando nos enfrentamos a la duda y la resistencia en nuestro viaje hacia la exploración de los Registros Akáshicos, es importante abordar estos desafíos con compasión y apertura. La duda puede surgir por diversas razones: puede ser el resultado de creencias arraigadas, miedo al desconocido o incluso el temor al juicio de los demás. La resistencia, por otro lado, puede manifestarse como una sensación de bloqueo o negativa hacia la práctica de acceder a los registros. Sin embargo, estas experiencias pueden ser oportunidades para un crecimiento más profundo y una mayor comprensión de nosotros mismos y del universo.

Una estrategia para superar la duda y la resistencia es la autoindagación. Tomarse el tiempo para explorar las raíces de estas emociones puede ayudarnos a comprender mejor por qué surgen y cómo podemos abordarlas de manera constructiva. Preguntarnos a nosotros mismos qué creencias subyacentes pueden estar alimentando nuestra duda o resistencia puede ser un primer paso importante para desentrañar estas emociones y liberarnos de su influencia.

Otra estrategia es cultivar la confianza interna. Reconocer y honrar nuestra propia sabiduría interna y nuestra capacidad para acceder a la verdad y la orientación que necesitamos puede ayudarnos a superar la duda y la resistencia. Esto implica recordarnos a nosotros mismos que somos seres poderosos y capaces, y que tenemos acceso a una fuente infinita de sabiduría dentro de nosotros mismos.

Practicar la aceptación y la rendición también puede ser útil en este proceso. A menudo, nuestra resistencia surge del deseo de controlar o entender completamente una situación. Sin embargo, al practicar la aceptación y la rendición, podemos soltar nuestra necesidad de control y abrirnos a la experiencia tal como es. Esto puede permitir que fluya la sabiduría y la orientación de los Registros Akáshicos de manera más natural y sin obstáculos.

Finalmente, buscar apoyo y orientación de otros puede ser beneficioso cuando enfrentamos dudas y resistencia. Ya sea a través de la conexión con mentores espirituales, grupos de apoyo o amigos de ideas afines, encontrar comunidad y compartir nuestras experiencias puede ayudarnos a sentirnos más respaldados y comprendidos en nuestro viaje.

El papel del discernimiento y la autocorrección en el proceso

El discernimiento y la autocorrección desempeñan un papel fundamental en el proceso de exploración de los Registros Akáshicos, ya que nos permiten navegar por la vasta cantidad de información y experiencias que podemos encontrar en este viaje espiritual.

El discernimiento se refiere a la capacidad de distinguir entre lo verdadero y lo falso, lo útil y lo inútil, lo relevante y lo irrelevante. En el contexto de los Registros Akáshicos, esto significa ser capaz de discernir la autenticidad de la información recibida, así como su relevancia para nuestro camino espiritual. A medida que exploramos los registros, es importante cultivar un sentido de discernimiento agudo, confiando en nuestra intuición y en nuestra capacidad para distinguir la verdad de la ilusión.

La autocorrección, por otro lado, implica ser capaz de reconocer y corregir cualquier error o distorsión en nuestra interpretación de la información de los Registros Akáshicos. A medida que accedemos a esta fuente de sabiduría universal, es posible que malinterpretemos ciertos mensajes o que los filtremos a través de nuestras propias creencias y prejuicios. La autocorrección nos invita a mantenernos abiertos y receptivos a nuevas perspectivas, y a estar dispuestos a ajustar nuestras ideas y creencias a medida que adquirimos una comprensión más profunda de nosotros mismos y del universo.

El discernimiento y la autocorrección trabajan en conjunto para garantizar que nuestra exploración de los Registros Akáshicos sea auténtica y significativa. Al cultivar un sentido de discernimiento claro y estar dispuestos a autocorregirnos cuando sea necesario, podemos evitar caer en trampas de ego o interpretaciones erróneas, y podemos abrirnos a la verdadera sabiduría y orientación que los registros tienen para ofrecer.

Capítulo 5: Guías espirituales

Dentro de los Registros Akáshicos, se cree que hay varios tipos de seres que pueden aparecer para ofrecer orientación, apoyo y enseñanza a aquellos que acceden a ellos. Estos seres incluyen guías espirituales, maestros, ángeles y seres queridos fallecidos.

Los guías espirituales son entidades no físicas que están dedicadas a asistirnos en nuestro viaje de vida. Se cree que están asignados específicamente a cada individuo desde el nacimiento y ofrecen orientación y apoyo en todos los aspectos de nuestra existencia. Estos guías pueden ser guías personales o de vida, que nos acompañan durante toda nuestra vida, así como guías especializados en áreas específicas como la sanación, el conocimiento o la protección.

Los maestros son seres iluminados que han alcanzado un alto nivel de evolución espiritual y están dedicados a guiar a otros en su camino de despertar y crecimiento espiritual. Se cree que estos maestros residen en planos más elevados de conciencia y están disponibles para ofrecer enseñanzas y orientación a quienes buscan sabiduría y comprensión.

Los ángeles son seres de luz divina que actúan como mensajeros y protectores en el universo. Se cree que están siempre disponibles para ofrecer amor, guía y protección a todos los seres vivos. Dentro de los Registros Akáshicos, se cree que los ángeles pueden aparecer para ofrecer orientación y asistencia en momentos de necesidad, ayudándonos a mantenernos en sintonía con nuestro propósito más elevado y nuestra conexión con lo divino.

Los seres queridos fallecidos también pueden aparecer en los Registros Akáshicos para ofrecer amor, apoyo y consuelo a aquellos que están vivos. Se cree que estas almas continúan existiendo en planos espirituales después de la muerte física y pueden comunicarse con nosotros a través de los registros para transmitir mensajes de amor, perdón y aliento.

Tipos de Guías espirituales

Dentro de la creencia en guías espirituales, se sostiene que hay diferentes tipos de guías que pueden ofrecer orientación y apoyo en diversos aspectos de nuestra vida y desarrollo espiritual. Estos tipos de guías pueden variar según las tradiciones espirituales y las creencias individuales, pero aquí se presentan algunos ejemplos comunes:

Guías Personales o de Vida: Estos guías son asignados específicamente a cada individuo desde el nacimiento y están dedicados a acompañarlo a lo largo de toda su vida. Se cree que estos guías tienen un profundo conocimiento de nuestra historia personal, nuestros desafíos y nuestras metas, y están disponibles para ofrecer orientación en todos los aspectos de nuestra existencia.

Guías de Sanación: Estos guías se especializan en ofrecer apoyo en el proceso de sanación física, emocional, mental y espiritual. Se cree que trabajan con nosotros para liberar traumas, bloqueos energéticos y patrones negativos, ayudándonos a alcanzar un estado de equilibrio y bienestar óptimo.

Guías de Conocimiento o Sabiduría: Estos guías están asociados con el desarrollo intelectual y espiritual. Se cree que nos ayudan a expandir nuestra comprensión y conocimiento, inspirándonos a explorar nuevos conceptos, filosofías y formas de pensar que nos ayuden a evolucionar espiritualmente.

Guías Creativos: Estos guías están relacionados con la creatividad, la expresión artística y la manifestación de nuestros dones y talentos únicos. Se cree que nos inspiran y nos brindan apoyo en nuestros esfuerzos creativos, ayudándonos a conectarnos con nuestra chispa creativa interior y a expresarnos plenamente en el mundo.

Guías de Protección: Estos guías se centran en mantenernos seguros y protegidos de energías negativas, entidades no deseadas o situaciones potencialmente peligrosas. Se cree que nos rodean con amor y luz, creando un escudo protector que nos mantiene a salvo de influencias dañinas.

Es importante recordar que las experiencias con guías espirituales son altamente individuales y pueden variar según las creencias y las experiencias personales de cada individuo.

Los Señores de los Registros

Dentro del contexto de los Registros Akáshicos, se hace referencia a los "Señores de los Registros" como entidades espirituales que supervisan y custodian el acceso a esta vasta biblioteca del universo. Se les considera guardianes y administradores de la información contenida en los registros, y se cree que tienen un profundo conocimiento de cada alma y su trayectoria a lo largo del tiempo.

Los Señores de los Registros actúan como guardianes de la sabiduría cósmica, asegurándose de que solo aquellos que buscan la verdad con intención pura y respeto adecuado puedan acceder a la información contenida en los registros. Se cree que estas entidades operan desde planos elevados de conciencia, más allá de la limitación del tiempo y el espacio, y están dedicadas a mantener la integridad y la autenticidad de los registros.

Cuando se accede a los Registros Akáshicos, se cree que los Señores de los Registros pueden aparecer como una presencia amorosa y poderosa, ofreciendo orientación y protección a aquellos que buscan conocimiento y comprensión. Su papel es el de custodiar la información contenida en los registros y asegurar que se utilice con sabiduría y respeto.

Además de supervisar el acceso a los registros, se cree que los Señores de los Registros también pueden ofrecer orientación y enseñanzas a aquellos que buscan profundizar en su conexión con la sabiduría universal. Su sabiduría y guía pueden ayudar a los buscadores a comprender mejor su propósito de vida, a sanar heridas pasadas y a encontrar claridad en su camino espiritual.

Elementales de la tierra y Reinos de Gaia.

Dentro de la cosmología espiritual, especialmente en algunas tradiciones paganas y esotéricas, se hace referencia a los elementales de la Tierra y los Reinos de Gaia como entidades que habitan y están conectadas con los elementos naturales y los ciclos de la Tierra.

Los elementales de la Tierra son seres espirituales asociados con los elementos fundamentales de la naturaleza: tierra, agua, fuego y aire. Se cree que estos seres son conscientes y están imbuidos de la esencia misma de los elementos que representan. Por ejemplo, los gnomos son espíritus de la tierra, las ondinas son espíritus del agua, los salamandras son espíritus del fuego y los silfos son espíritus del aire. Se considera que estos seres están íntimamente conectados con la Tierra y desempeñan un papel vital en el equilibrio y la armonía de la naturaleza.

Por otro lado, los Reinos de Gaia se refieren a los diferentes niveles de conciencia y existencia que coexisten en la Tierra. Se cree que Gaia, como entidad viva y consciente, alberga una diversidad de seres, desde los elementales mencionados anteriormente hasta los animales, plantas y humanos. Cada uno de estos reinos tiene su propia energía única y contribuye a la red de vida de Gaia.

La conexión entre los elementales de la Tierra y los Reinos de Gaia es profunda y sagrada. Se considera que estos seres están en sintonía con los ciclos naturales de la Tierra y desempeñan un papel crucial en su bienestar y equilibrio. Además, se cree que los humanos pueden establecer una relación respetuosa y cooperativa con estos seres, honrando su sabiduría y su conexión con la naturaleza.

Preparación para Canalización

La preparación para la canalización es un paso crucial en el proceso, ya que establece las bases para una conexión clara y receptiva con las energías espirituales. Esta preparación implica tanto aspectos mentales y emocionales como prácticas físicas y espirituales.

En primer lugar, es importante establecer un espacio sagrado y tranquilo donde puedas llevar a cabo la canalización. Esto puede ser un rincón tranquilo de tu hogar, una habitación dedicada para la meditación o cualquier lugar donde te sientas cómodo y protegido. Asegúrate de que el espacio esté limpio, ordenado y libre de distracciones.

Una vez que hayas creado tu espacio sagrado, puedes comenzar a centrarte mentalmente en la conexión que deseas establecer. Esto implica despejar tu mente de preocupaciones y distracciones, y enfocarte en la intención clara y positiva de abrirte a la canalización. La meditación, la respiración consciente y la visualización pueden ser útiles para calmar tu mente y entrar en un estado receptivo.

Además de la preparación mental, es importante preparar tu cuerpo físico para la canalización. Esto puede implicar estiramientos suaves, ejercicios de relajación muscular o cualquier otra práctica que te ayude a liberar la tensión y a estar presente en tu cuerpo.

La preparación emocional también es fundamental en el proceso de canalización. Es importante abordar cualquier emoción o preocupación que puedas estar experimentando y permitirte sentirte abierto y receptivo a las energías espirituales que están por venir. Puedes realizar afirmaciones positivas, practicar la gratitud o simplemente permitirte sentir cualquier emoción que surja sin juzgarla ni reprimirla.

Finalmente, es útil establecer una conexión consciente con las energías o entidades espirituales con las que deseas canalizar. Esto puede implicar la recitación de oraciones o invocaciones, la visualización de luz blanca o cualquier otra práctica que te ayude a establecer una conexión clara y amorosa con las energías divinas.

No se debe tomar alcohol ni ningún tipo de sustancia que altere nuestro carácter y debemos tratar de comer sano dentro de lo posible para limpiar nuestro cuerpo de energías negativas.

Cuanto mas limpio es el canal mas puro es el mensaje.

Limpieza del canal energético

La limpieza del canal energético es un proceso importante para mantener una conexión clara y saludable con las energías espirituales durante la canalización. Este proceso implica liberar el canal de cualquier energía negativa, densa o no deseada que pueda obstaculizar la comunicación con las dimensiones superiores.

Una forma común de limpiar el canal energético es a través de la visualización y la intención. Puedes imaginar una luz blanca brillante que fluye a través de tu cuerpo, limpiando y purificando cada célula y cada centímetro de tu ser. A medida que esta luz se mueve a través de ti, imagina que disuelve cualquier energía negativa o estancada que pueda estar presente en tu campo energético.

Otra técnica efectiva es utilizar elementos naturales como el agua o el humo de hierbas sagradas para limpiar el canal energético. Puedes tomar un baño con sales de epsom o sal marina para purificar tu cuerpo físico y tu campo energético. También puedes quemar hierbas como salvia, palo santo o copal y dejar que el humo envuelva tu cuerpo, liberando cualquier energía no deseada y creando un espacio limpio y claro para la canalización.

Además de estas técnicas, practicar la meditación regularmente, mantener hábitos de vida saludables y cultivar pensamientos positivos también puede ayudar a mantener tu canal energético limpio y claro. El estrés, la negatividad y los hábitos poco saludables pueden obstruir el flujo de energía a través de tu cuerpo, por lo que es importante cuidar tu bienestar físico, mental y emocional.

Preparación con cristales

La preparación con cristales es una práctica comúnmente utilizada para apoyar y potenciar la canalización y otras prácticas espirituales. Los cristales son considerados portadores de energía y se cree que pueden ayudar a alinear y armonizar el campo energético del canalizador, así como a aumentar la claridad mental y la conexión espiritual durante el proceso. Aquí hay algunas formas de preparación con cristales antes de la canalización:

Selección de cristales: Elige cristales que sean apropiados para la canalización y que estén alineados con tus intenciones y objetivos. Algunos cristales comúnmente utilizados para la canalización incluyen cuarzo transparente (para claridad y amplificación de energía), amatista (para conexión espiritual y protección), sodalita (para comunicación espiritual) y lapislázuli (para acceso a la sabiduría).

Limpieza y carga: Antes de usar los cristales, es importante limpiarlos y cargarlos para eliminar cualquier energía no deseada y potenciar sus propiedades. Puedes limpiar los cristales colocándolos bajo agua corriente, enterrándolos en tierra o utilizando métodos de limpieza energética como el humo de salvia o incienso. Luego, coloca los cristales en luz solar o lunar para cargarlos con energía positiva.

Programación de intenciones: Una vez que los cristales estén limpios y cargados, puedes programarlos con tus intenciones específicas para la canalización. Sostén los cristales en tus manos y visualiza la energía fluyendo hacia ellos, infundiendo tus intenciones de claridad, conexión espiritual y protección. Puedes recitar afirmaciones o mantras que refuercen tus intenciones mientras programas los cristales.

Colocación durante la canalización: Durante la canalización, puedes colocar los cristales alrededor de tu espacio sagrado o sostenerlos en tus manos para potenciar la energía durante el proceso. Puedes crear un círculo de cristales alrededor de ti para crear un campo protector y de alta vibración que te ayude a mantener la conexión con las energías superiores.

Integración posterior: Después de la canalización, es importante limpiar y recargar nuevamente los cristales para eliminar cualquier energía acumulada durante la sesión y mantener su eficacia para futuros usos. Puedes limpiar los cristales utilizando los mismos métodos mencionados anteriormente y colocarlos en luz solar o lunar para recargarlos.

Tipos de cristales

Los cristales vienen en una amplia variedad de formas, colores y propiedades, cada uno con sus propias energías únicas y beneficios potenciales. Aquí hay algunos tipos de cristales comunes y sus asociaciones energéticas:

Cuarzo Transparente: Conocido como el "maestro sanador", el cuarzo transparente es altamente versátil y puede ser utilizado para amplificar la energía, clarificar la mente y fortalecer la conexión espiritual. Es ideal para la canalización y la meditación debido a su capacidad para abrir y activar los chakras superiores.

Amatista: La amatista es conocida por su capacidad para calmar la mente, promover la paz interior y facilitar la conexión espiritual. Es útil para proteger contra energías negativas y para fomentar la intuición y la sabiduría espiritual durante la canalización.

Sodalita: La sodalita es una piedra de comunicación espiritual que facilita la conexión con guías espirituales y maestros ascendidos. Se cree que ayuda a abrir el tercer ojo y a fortalecer la capacidad de percibir y comprender la información recibida durante la canalización.

Lapislázuli: Conocido como la piedra de la sabiduría, el lapislázuli es ideal para la canalización debido a su capacidad para promover la claridad mental, la comprensión espiritual y la conexión con la verdad universal. Se cree que ayuda a liberar bloqueos mentales y a activar la intuición superior.

Cuarzo Rosa: El cuarzo rosa es una piedra de amor y compasión que puede ser útil durante la canalización para abrir el corazón y fomentar la conexión con energías amorosas y benevolentes. Se cree que ayuda a sanar heridas emocionales y a promover la armonía en las relaciones.

Obsidiana: La obsidiana es una piedra de protección psíquica que puede ser útil durante la canalización para disolver bloqueos energéticos y eliminar energías negativas. Se cree que ayuda a profundizar en la exploración del subconsciente y a revelar la verdad oculta.

Cianita Azul: La Cianita Azul, también conocida como Distena, es una piedra preciosa y cristalina que se distingue por su color azul claro a azul profundo, a menudo con vetas blancas o plateadas. Se encuentra en diferentes partes del mundo, incluyendo Brasil, Estados Unidos, Australia, Madagascar e India. Además de su belleza estética, la Cianita Azul es altamente valorada en el ámbito espiritual y energético por sus propiedades únicas.

Una de las características más destacadas de la Cianita Azul es su capacidad para alinear y limpiar los chakras, especialmente el chakra de la garganta y el tercer ojo. Se cree que esta piedra facilita la comunicación clara y auténtica, promoviendo la expresión verbal y ayudando a superar bloqueos en la comunicación. Por esta razón, la Cianita Azul es a menudo utilizada por aquellos que buscan fortalecer sus habilidades comunicativas, ya sea en relaciones personales, profesionales o espirituales.

Además de su influencia en la comunicación, la Cianita Azul se considera una piedra de alta vibración que ayuda a elevar la conciencia y facilita la conexión con reinos superiores de sabiduría espiritual. Se cree que promueve la claridad mental, la percepción intuitiva y la comprensión de las verdades más profundas del universo. Al trabajar con la Cianita Azul durante la meditación o la canalización, se puede experimentar una sensación de paz interior y una mayor apertura a la guía espiritual.

Otra propiedad importante de la Cianita Azul es su capacidad para disolver energías negativas y bloqueos energéticos en el campo áurico. Se considera una piedra de limpieza energética que ayuda a purificar el aura y a mantener un flujo de energía armonioso en el cuerpo. Por esta razón, la Cianita Azul es útil para aquellos que buscan protección psíquica y equilibrio emocional en entornos energéticamente desafiantes.

Evitar energías negativas

Cuando alguien está interesado en aprender a abrir los Registros Akáshicos y sumergirse en la exploración de la sabiduría universal, es importante tener en cuenta la importancia de mantener un estado de energía positiva y equilibrada. Aquí hay algunos consejos para evitar energías negativas durante este proceso:

Prácticas de protección energética: Antes de adentrarse en la apertura de los Registros Akáshicos, es fundamental establecer prácticas de protección energética. Esto puede incluir visualizaciones de escudos protectores, invocaciones de la luz divina, o el uso de cristales protectores como la turmalina negra o la obsidiana. Estas prácticas ayudan a mantener un campo energético fuerte y resistente a influencias negativas externas.

Mantener una mentalidad positiva: La actitud mental juega un papel crucial en la apertura de los Registros Akáshicos. Es importante cultivar pensamientos positivos y optimistas, así como mantener una mente abierta y receptiva a la guía espiritual. La confianza en uno mismo y en el proceso es clave para evitar que las energías negativas afecten la experiencia.

Limpiar el espacio: Antes de iniciar una sesión de apertura de los Registros Akáshicos, es recomendable limpiar el espacio físico donde se llevará a cabo la práctica. Esto puede hacerse mediante la quema de hierbas sagradas como la salvia, el palo santo o el copal, o mediante la difusión de aceites esenciales purificadores. La limpieza del espacio ayuda a eliminar energías negativas acumuladas y a crear un ambiente propicio para la conexión espiritual.

Practicar la auto-reflexión: Antes de abrir los Registros Akáshicos, tómate un momento para examinar tus propias emociones y energías internas. Si te sientes abrumado por el estrés, la ansiedad o cualquier emoción negativa, considera tomarte un tiempo para practicar técnicas de relajación como la meditación, la respiración profunda o el yoga. Esto te ayudará a entrar en un estado de calma y equilibrio antes de comenzar la sesión.

Establecer límites claros: Durante la apertura de los Registros Akáshicos, es importante establecer límites claros y respetar tu propia comodidad y seguridad. Si en algún momento te sientes incómodo o percibes energías negativas, no dudes en cerrar los registros y retirarte de la práctica. No tienes la obligación de continuar si sientes que tu bienestar está en riesgo.

Desarrolla conciencia de ti mismo: Presta atención a tus propias emociones y sensaciones físicas. Si te encuentras constantemente agotado, irritable o emocionalmente agitado después de estar cerca de ciertas personas o en ciertos entornos, es posible que estés absorbiendo energías negativas.

Establece límites saludables: Aprende a decir "no" cuando sea necesario y a establecer límites saludables con los demás. Si te encuentras en situaciones o relaciones que te hacen sentir drenado o ansioso, considera alejarte de ellas o establecer límites claros para proteger tu energía.

Practica el autocuidado: Dedica tiempo regularmente para cuidar tu bienestar físico, mental y emocional. Esto puede incluir actividades como hacer ejercicio, meditar, pasar tiempo en la naturaleza, o cualquier otra actividad que te ayude a recargar energías y mantener un estado de equilibrio interior.

Visualiza un escudo protector: Antes de interactuar con personas o entornos potencialmente desafiantes, visualiza un escudo protector a tu alrededor que te proteja de cualquier energía negativa que puedas encontrar. Imagina este escudo como una barrera que filtra y neutraliza cualquier energía no deseada.

Utiliza cristales protectores: Lleva contigo cristales protectores como la turmalina negra, el ónix o el cuarzo ahumado, que pueden ayudar a absorber y transmutar energías negativas. Llévalos en tu bolsillo o colócalos en tu entorno para mantener una protección constante.

Capitulo 6: El Consejo Kármico

El consejo Kármico son un conjunto de seres de luz que por su estado de consciencia evolucionada han decidido entregarse a todos los seres, ayudando a que toda existencia tenga un orden bajo la sabiduría divina que todo lo contiene y todo lo contempla. Actúan a través del amor incondicional y la consciencia, llevando a toda existencia hasta el equilibrio.

Cada integrante tiene asociada una función, donde una vez tu cuerpo álmico se desliga de tu cuerpo físico, te enseñan aquellas lecciones de vida que has aprendido y otras que aun deberás aprender en las siguientes encarnaciones.

Ellos te guiarán hacia el plano de existencia al cual puedes acceder por tu evolución espiritual.

Cuando un ser humano fallece, se le hacen dos preguntas. La primera es si alcanzó la plenitud en su vida, la segunda es si ayudó a otros seres a alcanzarla también.

Nuestra misión divina siempre es la misma, establecer la conexión directa con el Ser, realizándonos como seres espirituales encarnados en la Tierra, para de esta manera poder ayudar a otros en su camino de evolución hacia la consciencia. Algunos de los integrantes del Consejo Kármico son: Saint Germain, Kuan Yin, Portia, Alexa, Atena, Lady Nada, Madre María, Elohim Vista, etc.

Integrantes del Consejo Kármico

En diversas tradiciones espirituales y filosofías metafísicas, se cree en la existencia de un Consejo Kármico compuesto por entidades de alta vibración y sabiduría que supervisan y guían el karma individual y colectivo de los seres humanos. Aunque las representaciones específicas de los integrantes del Consejo Kármico pueden variar según la tradición espiritual, se cree que estos seres actúan como guardianes del orden kármico en el universo. Aquí hay algunas figuras que se mencionan comúnmente como miembros del Consejo Kármico en diferentes enseñanzas espirituales:

El Maestro Ascendido Kuthumi: Se le considera uno de los líderes del Consejo Kármico en algunas corrientes espirituales. Kuthumi es conocido por su sabiduría espiritual y su papel en la supervisión del karma planetario y humano.

El Maestro Ascendido El Morya: Otro maestro ascendido que se menciona en relación con el Consejo Kármico es El Morya. Se le atribuye la guía y supervisión del karma planetario, así como la asistencia a los individuos en su crecimiento espiritual y evolución.

La Diosa Kuan Yin: En algunas tradiciones budistas y taoístas, se considera que Kuan Yin es miembro del Consejo Kármico. Se le atribuye un papel importante en la transmutación de karma negativo en amor y compasión.

Los Arcángeles: En algunas corrientes espirituales, se cree que los arcángeles son miembros del Consejo Kármico o actúan como sus mensajeros. Se les atribuye la tarea de asistir en la supervisión y gestión del karma individual y colectivo.

Lady Rowena: Lady Rowena es una figura que aparece en ciertas corrientes de la metafísica y la espiritualidad, particularmente en las enseñanzas de la Jerarquía Espiritual y los Maestros Ascendidos. Si bien no es tan conocida como otras figuras espirituales, se la considera una maestra ascendida que ha ofrecido su guía y sabiduría a lo largo del tiempo.

Se dice que Lady Rowena es una maestra ascendida asociada con el rayo dorado de sabiduría, iluminación y comprensión espiritual. Se cree que ha encarnado en la Tierra en vidas pasadas y ha alcanzado un alto nivel de evolución espiritual que le permite asistir y guiar a otros en su camino de ascensión.

Serapis Bey: Serapis Bey es una figura reconocida en diversas tradiciones espirituales y metafísicas, particularmente dentro de la corriente de la Jerarquía Espiritual y los Maestros Ascendidos. Se le considera un maestro ascendido y una entidad de luz que ha desempeñado un papel importante en el avance espiritual de la humanidad.

Se dice que Serapis Bey fue un sacerdote en la antigua civilización egipcia, donde alcanzó un alto grado de maestría espiritual y dedicación al servicio divino. Después de su muerte física, ascendió a un estado de conciencia superior y se convirtió en uno de los Maestros Ascendidos que guían y enseñan a la humanidad desde planos superiores de existencia.

El nombre "Serapis Bey" es una combinación de "Serapis", que era un dios sincrético de la antigua religión egipcia que incorporaba elementos de Osiris y Apis, y "Bey", un título de respeto. Este nombre simboliza la fusión de enseñanzas espirituales antiguas con principios espirituales universales.

Serapis Bey es conocido por su enfoque en la pureza espiritual, la disciplina y el autocontrol. Se le asocia con el rayo blanco de la pureza, la claridad y la ascensión espiritual. Su enseñanza se centra en ayudar a los buscadores espirituales a purificar sus corazones y mentes, a superar los desafíos del ego y a avanzar en el camino hacia la iluminación.

Se cree que Serapis Bey trabaja con aquellos que están dedicados al camino espiritual y que buscan elevar su conciencia y vibración. Se le invoca para ayudar en la purificación del alma, en la superación de patrones negativos y en la expansión de la conciencia espiritual.

Conexión y comunicación con los Guías Espirituales y ángeles

Los ángeles y guías Espirituales se comunican, nos hablan en un lenguaje que es muy diferente del que nosotros manejamos en nuestro plano físico. Como son seres energéticos de luz, no necesitan usar palabras para comunicarse con nosotros. De hecho, ellos no pueden hablar como nosotros.

Ellos transmiten sus mensajes telepáticamente o a través de otros seres. Sin embargo, ellos también hablan de una forma diferente de la que estamos acostumbrados a escuchar.

- Ellos hablan el lenguaje del amor
- Ellos hablan el lenguaje del humor
- Ellos hablan el lenguaje de la paz
- Ellos hablan el lenguaje de la luz
- Ellos hablan el lenguaje del desapego
- Ellos hablan el lenguaje del perdón

Los Guías Espirituales y Ángeles están aquí para ayudarnos en nuestro viaje personal hacia la sanación.

Ellos tienen mensajes para cada uno de nosotros y que únicamente pertenecen a nuestra propia vida, estamos aquí, en este tiempo, con un propósito muy especial: **sanar nuestro karma, cambiar hacia una dimensión superior de consciencia y aprender a reconectarnos con nuestra propia divinidad, recordando la conexión con La Fuente.**

Una vez que nos hayamos reconocido como un Ser de Luz, un Cuerpo de Luz, podremos crear "el Cielo en la Tierra". Aprender a comunicarnos con nuestros Guías y Ángeles es el primer paso en ese proceso.

El mensaje es enseñar el perdón para que todos podamos aceptar el cambio y avanzar hacia dimensiones superiores de consciencia y conocer y experimentar el amor incondicional y la abundancia en todas las áreas de nuestra vida.

Canal de luz

Es el canal donde la energía se vierte, a través del cual la energía sutil puede penetrar en este plano. Penetra por el chakra de la coronilla y emerge por el chakra base. Cuando el ser humano/canal está perfectamente afinado con esta sintonía, todo su ser se transforma en canal de luz, hasta donde su experiencia humana lo permite. Es lo que denominamos un canal vacío de sí mismo porque entrega su experiencia vital individual a la voluntad del plan divino.

Algunos canales de luz pueden tener habilidades específicas, como la canalización de mensajes de seres espirituales, la transmisión de energía sanadora o la capacidad de elevar la conciencia a través de su presencia y ejemplo. Sin embargo, es importante señalar que todos tenemos el potencial de ser canales de luz en cierta medida, ya que cada uno de nosotros tiene acceso a la conexión divina a través de nuestro propio ser interior.

El proceso de convertirse en un canal de luz implica un profundo trabajo de autocrecimiento, purificación y apertura espiritual. Requiere cultivar la claridad mental, la pureza emocional y la apertura del corazón para permitir que la energía divina fluya a través de nosotros sin obstáculos. La práctica regular de la meditación, la oración, la auto-reflexión y el servicio desinteresado pueden ayudarnos a abrirnos a la luz divina y a desarrollar nuestras habilidades como canales de luz.

Los canales de luz desempeñan un papel importante en el despertar espiritual y la evolución de la humanidad al ayudar a elevar la conciencia colectiva y a recordar a otros su verdadera naturaleza espiritual. Su presencia y trabajo sirven como faros de luz en un mundo a menudo oscurecido por la ilusión y la confusión, recordándonos la verdad fundamental de que todos somos seres de luz conectados con la divinidad universal.

Capitulo 07: Oraciones sagradas de apertura de tus Registros Akáshicos

Debes tener una libreta para anotar todo lo que veas sientas o escuches. Puedes empezar por saludar a tus guías Y maestros; luego simplemente la pregunta, paciencia y cuando te venga algo apunta.

Pronuncia la oración en voz alta o mentalmente para abrir tus registros:

Con humildad y gratitud, abro mis Registros Akáshicos para recibir la sabiduría y la guía divina que me ayude en mi camino de evolución espiritual. Que la luz del universo ilumine mi camino y me guíe hacia la verdad más elevada.

Amado guardianes, yo soy (tu nombre completo), nacido el (fecha de nacimiento completa), desde la Magna presencia de Dios en mí, y con vuestro permiso, accedo a los archivos de mi alma ahora mismo.
Mi registros Akáshicos, están ahora abiertos"...

En nombre del amor y la compasión divina, invoco la apertura de mis Registros Akáshicos. Que mi mente, mi corazón y mi espíritu estén abiertos y receptivos para recibir la orientación y la sabiduría de los reinos superiores.

Con la intención pura y la voluntad divina, solicito acceso a mis Registros Akáshicos. Que la luz sagrada guíe mis pasos y me lleve hacia la comprensión más profunda de mi propósito y mi camino en esta vida.

En presencia de los guías espirituales y los guardianes del conocimiento ancestral, abro mis Registros Akáshicos. Que la verdad divina se revele a mí y que encuentre claridad y dirección en mi camino.

Con respeto y reverencia, invoco la apertura de mis Registros Akáshicos. Que la sabiduría eterna fluya a través de mí y me ayude a crecer y expandir mi conciencia hacia nuevos niveles de comprensión y realización.

En armonía con la voluntad divina y el propósito superior, solicito acceso a mis Registros Akáshicos. Que la luz de la verdad ilumine mi camino y me guíe hacia la plenitud de mi ser.

Con el corazón abierto y la mente receptiva, me conecto con mis Registros Akáshicos. Que la sabiduría ancestral y la guía espiritual me acompañen en este viaje de exploración y descubrimiento.

En presencia del amor incondicional y la sabiduría infinita, abro mis Registros Akáshicos. Que la luz divina disipe toda oscuridad y me guíe hacia la realización de mi verdadero ser.

Con gratitud y humildad, solicito acceso a mis Registros Akáshicos. Que la sabiduría eterna se manifieste a través de mí y me lleve hacia la plenitud de mi potencial divino.

En alineación con mi ser superior y la voluntad divina, invoco la apertura de mis Registros Akáshicos. Que la verdad absoluta se revele a mí y me guíe hacia la iluminación y la realización espiritual.

Oraciones de cierre de la lectura de los registros Akáshicos.

Una vez que has cerrado tus registros, despasar tu mano con la que escribes por encima de tu cabeza, exactamente coma encima de tu chakra de la coronilla ; haciendo un movimiento de izquierda a derecha tres veces mientras repites mentalmente: "corto para conectarme de nuevo a mi vida terrenal".

Este corte se debe hacer siempre al cerrar las lecturas, ya que, de otro modo, seguiríamos conectados continuamente a otras dimensiones, y esto no es conveniente para seguir la vida cotidiana.

Con gratitud y humildad, cierro mis Registros Akáshicos. Agradezco a los guías espirituales y a los maestros que me han acompañado durante esta lectura. Que la sabiduría recibida se integre en mi ser y guíe mis pasos en el camino de la luz.

En nombre del amor y la luz divina, doy gracias por la sabiduría y la orientación recibidas en esta lectura de mis Registros Akáshicos. Que la paz y la claridad me acompañen en mi camino, y que la verdad revelada ilumine mi vida.

Con profundo agradecimiento y respeto, cierro mis Registros Akáshicos. Que la sabiduría compartida en esta lectura se manifieste en mi vida cotidiana, guiándome hacia la plenitud de mi ser y mi propósito divino.

En armonía con el universo y mi ser superior, finalizo esta lectura de mis Registros Akáshicos. Agradezco por la claridad y la comprensión recibidas, y por la guía amorosa de los reinos superiores. Que la luz divina continúe iluminando mi camino.

Con amor y gratitud en mi corazón, cierro mis Registros Akáshicos. Agradezco por la oportunidad de recibir orientación y sabiduría, y por la presencia amorosa de mis guías espirituales. Que la paz y la armonía llenen mi ser.

En presencia del amor y la luz infinita, doy gracias por esta experiencia en mis Registros Akáshicos. Cierro este canal con gratitud y confianza en la guía divina que he recibido. Que la sabiduría interior siga iluminando mi camino.

Con profundo respeto y aprecio, cierro esta conexión con mis Registros Akáshicos. Agradezco por la sabiduría compartida y por la presencia amorosa de los seres de luz. Que la verdad revelada guíe mis acciones y eleve mi espíritu.

Con gratitud y amor, cierro mis Registros Akáshicos. Agradezco por la sabiduría recibida y confío en su guía en mi camino. Que la luz divina continúe iluminando mi sendero. Gracias y así sea.

Puntos de Gracias

Expresar gratitud es una práctica poderosa que nutre el alma y fortalece nuestros vínculos con lo divino. Dentro del contexto de trabajar con los Registros Akáshicos, los puntos de gratitud son momentos de reconocimiento y aprecio por la sabiduría, la orientación y la presencia amorosa que se han recibido durante la sesión. Estos puntos de gracias pueden surgir naturalmente al final de la lectura de los registros, pero también pueden incorporarse en cualquier momento durante el proceso para fortalecer la conexión y la reciprocidad con los guías espirituales y los maestros ascendidos.

Al expresar puntos de gracias, podemos reconocer la belleza y la abundancia que se encuentra en cada experiencia, incluso en los desafíos que enfrentamos. Podemos agradecer por las lecciones aprendidas, por el amor que nos rodea y por la oportunidad de crecer y evolucionar como seres espirituales. Los puntos de gracias nos invitan a estar presentes en el momento presente y a abrir nuestros corazones a la bondad y la generosidad del universo.

Cuando nos tomamos un momento para ofrecer gracias, cultivamos una actitud de humildad y reverencia hacia la vida y todas sus expresiones. Esto nos ayuda a sintonizarnos con la vibración del amor y la abundancia, atrayendo más bendiciones a nuestras vidas. Además, al expresar gratitud, fortalecemos nuestra conexión con los reinos superiores y nos alineamos con la luz divina que siempre está presente para guiarnos y apoyarnos en nuestro viaje espiritual.

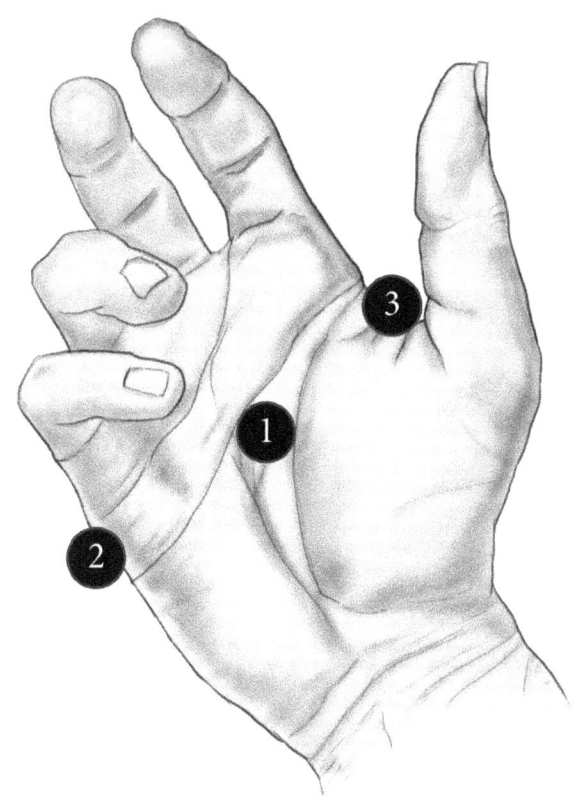

1. Punto de Gracia (Álmico y espiritual)
2. Punto de liberación (Físico y memoria celular)
3. Punto de linaje Ancestral (Genético y vidas pasadas)

Como hacer una liberación completa a través de los puntos de gracia

La práctica de una liberación completa a través de los puntos de gracia es un proceso poderoso que implica soltar conscientemente cualquier energía, emoción o pensamiento que ya no nos sirva y abrirnos a recibir la plenitud del amor y la luz divina. Aquí hay un enfoque paso a paso para llevar a cabo una liberación completa utilizando los puntos de gracia:

Preparación:
Antes de comenzar, encuentra un lugar tranquilo y cómodo donde puedas estar sin distracciones. Respira profundamente y sintoniza con tu corazón y tu ser interior.

Intención:
Establece una intención clara y poderosa para tu liberación. Puedes afirmar en tu mente o en voz alta que estás listo para soltar todo lo que ya no te sirve y abrirte a recibir la plenitud del amor y la luz divina en tu vida.

Reconocimiento:
Tómate un momento para reconocer y honrar cualquier energía, emoción o pensamiento que esté presente en tu ser y que desees liberar. Permítete sentirlo plenamente, sin juzgarlo ni resistirlo.

Expresión de gratitud:
Agradece por todas las experiencias, lecciones y bendiciones que has recibido hasta este momento, incluso por aquellas que han sido desafiantes o difíciles. Reconoce que cada experiencia ha contribuido a tu crecimiento y evolución como ser humano.

Puntos de gracia:
Dirige tu atención a diferentes aspectos de tu vida y expresa gratitud por ellos. Puedes comenzar con aspectos personales, como tu salud, tu familia, tus amigos, tu hogar y tu trabajo. Luego, amplía tu gratitud hacia aspectos más generales, como la naturaleza, el universo y la divinidad.

Liberación:
Con cada punto de gracia, visualiza y siente cómo cualquier energía negativa o bloqueo que hayas identificado se disuelve y se transforma en luz. Imagina que estás dejando ir cualquier carga emocional o mental que hayas estado sosteniendo y que estás abriendo espacio para recibir la plenitud del amor y la luz divina en tu vida.

Cierre:
Una vez que hayas completado tus puntos de gracia y te sientas en paz y plenitud, agradece por este proceso de liberación y cierra la sesión con una oración o afirmación final. Puedes afirmar que estás listo para avanzar con ligereza y alegría en tu camino, sabiendo que estás rodeado por el amor y la luz divina en todo momento.

Sanación del árbol Genealógico

La sanación del árbol genealógico a través de los Registros Akáshicos es un proceso profundo y transformador que nos permite liberar patrones y cargas familiares que pueden estar afectando nuestro bienestar físico, emocional y espiritual. Los Registros Akáshicos actúan como una puerta de entrada a la información y la energía almacenada en el campo energético de nuestro árbol genealógico, permitiéndonos acceder a experiencias pasadas, memorias ancestrales y patrones repetitivos que pueden estar causando desequilibrios en nuestras vidas.

Durante una sesión de sanación del árbol genealógico en los Registros Akáshicos, el facilitador o practicante actúa como un canal o intermediario entre el cliente y los Registros. Se establece una conexión con la sabiduría y la guía de los guías espirituales y se solicita permiso para acceder a la información relacionada con el árbol genealógico del cliente.

Una vez establecida la conexión, se exploran las diferentes ramas y líneas familiares del árbol genealógico en busca de patrones, heridas o traumas que puedan estar contribuyendo a los desafíos actuales del cliente. Esto puede implicar revisar eventos significativos en la historia familiar, relaciones intergeneracionales, conflictos no resueltos, enfermedades hereditarias o cualquier otra información relevante que surja en los Registros Akáshicos.

A medida que se revelan estas experiencias y memorias, se ofrece la oportunidad de sanar y liberar cualquier energía o carga emocional asociada con ellas. Esto puede implicar la práctica de técnicas de sanación energética, como la visualización, la respiración consciente, el perdón y la liberación emocional, que ayudan a transmutar las energías negativas en amor y luz.

Durante el proceso de sanación del árbol genealógico en los Registros Akáshicos, se fomenta la compasión, la comprensión y el perdón hacia uno mismo y hacia los miembros de la familia. Se reconoce que cada individuo en el árbol genealógico está conectado a través del amor y que la sanación de uno puede tener un impacto positivo en toda la línea ancestral.

Al finalizar la sesión, se cierran los Registros Akáshicos con gratitud y se establece la intención de que la sanación y la transformación continúen en el árbol genealógico del cliente y en todas las generaciones futuras. Se anima al cliente a mantenerse abierto y receptivo a los cambios que puedan surgir y a continuar el proceso de sanación en su vida diaria.

La sanación del árbol genealógico a través de los Registros Akáshicos es un viaje de autoconocimiento, perdón y amor que nos permite liberar el pasado y abrirnos a un futuro de mayor equilibrio, armonía y bienestar para nosotros mismos y para las generaciones venideras.

Oración para iluminar y romper cadenas en el árbol genealógico.

Con humildad y amor, abro los Registros Akáshicos para acceder a la sabiduría ancestral y sanar las heridas y los patrones repetitivos que afectan a mi árbol genealógico. En conexión con la luz divina y la guía de mis ancestros, libero cualquier energía negativa, perdono y me perdono, y establezco la intención de sanar y transformar las generaciones pasadas, presentes y futuras. Que la paz y el amor llenen cada rincón de mi ser y de mi árbol genealógico. Gracias y así sea.

Registros Akáshicos y vidas pasadas

Los Registros Akáshicos de vidas pasadas son una faceta fascinante y profundamente reveladora de esta vasta biblioteca cósmica de la existencia. En ellos, se almacena la historia completa de nuestras experiencias pasadas, desde el momento en que nuestra alma fue creada hasta el presente. Estos registros contienen información detallada sobre nuestras vidas anteriores, incluidos los eventos significativos, las lecciones aprendidas, las relaciones y los patrones repetitivos que pueden seguir afectándonos en esta vida.

Explorar los Registros Akáshicos de vidas pasadas puede ofrecernos una perspectiva más amplia sobre quiénes somos realmente y por qué estamos experimentando ciertas situaciones o desafíos en nuestra vida actual. Nos permite comprender mejor las dinámicas kármicas que están en juego y nos brinda la oportunidad de sanar y liberar cualquier energía o patrón que ya no nos sirva.

Cuando accedemos a nuestros Registros Akáshicos de vidas pasadas, podemos descubrir conexiones sorprendentes con personas y lugares en nuestra vida actual, así como patrones repetitivos que se remontan a través del tiempo. Esta comprensión más profunda nos permite hacer cambios positivos y tomar decisiones más conscientes en nuestra vida actual.

Es importante abordar la exploración de los Registros Akáshicos de vidas pasadas con una mente abierta y un corazón receptivo. Mantener una actitud de curiosidad y aceptación nos permite recibir la información de manera más clara y objetiva. También es importante recordar que el propósito de acceder a estos registros no es revivir el pasado o asignar culpabilidad, sino comprender y sanar para avanzar en nuestro camino de crecimiento y evolución espiritual.

Al explorar los Registros Akáshicos de vidas pasadas, podemos encontrar respuestas a preguntas profundas sobre nuestra existencia, descubrir lecciones importantes y liberar cargas emocionales y energéticas que hemos estado llevando durante mucho tiempo. Nos brinda la oportunidad de acceder a la sabiduría acumulada a lo largo de nuestras experiencias pasadas y utilizarla para nuestro mayor bienestar y desarrollo espiritual en el presente.

Oración para pedir Sanación.

Con humildad y sinceridad, abro mi corazón al universo y pido sanación para todas las áreas de mi ser que necesitan luz y amor. Que la energía divina fluya a través de mí, disolviendo cualquier bloqueo, restaurando el equilibrio y trayendo sanación a mi cuerpo, mente y espíritu. Que la luz divina me envuelva en su amoroso abrazo, guiándome hacia la plenitud y la armonía. Gracias por esta oportunidad de sanación y crecimiento. Amen

Oración para pedir perdón

Con humildad y sinceridad, me dirijo al universo para pedir perdón por cualquier acción, palabra o pensamiento que haya causado daño a mí mismo o a otros. Reconozco mis errores y asumo la responsabilidad por ellos. Pido perdón por cualquier dolor que haya causado y por cualquier carga que haya llevado en mi corazón. Que la luz del perdón y la compasión llene mi ser, liberándome de cualquier culpa o remordimiento. Que el amor divino me guíe en el camino hacia la reconciliación y la paz interior. Gracias por la oportunidad de aprender y crecer a través del perdón. Que así sea.

Oración para pedir liberación de entes, hechizos y energías negativas.

Con valentía y determinación, elevo mi voz al universo para pedir liberación de cualquier entidad, hechizo o energía negativa que pueda estar afectando mi bienestar y mi paz interior. Reclamo mi poder divino y mi derecho innato a vivir en armonía y plenitud. Que la luz divina disipe cualquier oscuridad que me rodee, protegiéndome con su manto de amor y pureza. Que cualquier lazo o influencia negativa sea cortado y disuelto, liberándome para que pueda avanzar con libertad y claridad en mi camino. Agradezco por esta oportunidad de sanación y protección. Que así sea.

Preguntas clásicas en la apertura de los Registros Akáshicos

¿Cuál es el propósito que debo cumplir en esta existencia?

¿Cuáles son las lecciones que debo aprender?

¿Quiénes son mis guías espirituales que me acompañan en este viaje?

¿Qué experiencias y direcciones son útiles para avanzar en mi camino hacia la realización de mi propósito?

¿Qué puedo hacer para mejorar mi bienestar físico, mental, emocional y espiritual?

¿Cómo puedo identificar y superar los obstáculos que obstaculizan mi crecimiento personal?

¿Qué camino debo seguir para cultivar la bondad y la compasión en mi vida?

¿Qué prácticas espirituales son adecuadas para mi crecimiento interior y mi evolución espiritual?

¿Cuáles son las vidas pasadas más relevantes para comprender mi situación presente?

¿Qué relaciones kármicas de amor, aprendizaje y conflicto existen en esas vidas pasadas?

¿Tengo daños o acciones perjudiciales en mis vidas pasadas?

¿Cuántas vidas he vivido en este planeta?

¿Cómo será mi relación con mi pareja actual?

¿Qué mensaje especial tienen mis Guías para mí?

¿En qué consiste la ayuda?

Eventos ocurridos en mi vida, implicancia, razones, consecuencias, aprendizajes de esos sucesos.

¿Qué es lo que soy y por qué en esta encarnación?

¿Cómo puedo comunicar un mensaje a.................. (persona fallecida)?

Relaciones vinculares con amigos.

Relaciones vincular con un pariente.

¿Qué lecciones espirituales debo aprender? Aprendizajes / Relaciones kármicas/Actividad profesional / Hobbies.

¿Tiene algún mensaje para mí, esta persona que no se encuentra en este plano?

¿Qué relación tuve con............................ (persona)?

¿Cuantos hijos he tenido en vidas pasadas?

Manos en el plano Astral

Las manos en el plano astral representan una extensión de nuestra conciencia y energía en dimensiones sutiles más allá de la realidad física. En el plano astral, nuestras manos pueden manifestarse de diferentes maneras, ya sea como una representación simbólica de nuestra capacidad de interactuar y manipular energías o como una herramienta para explorar y experimentar este reino no físico.

Cuando nos encontramos en el plano astral, nuestras manos pueden ser utilizadas para diversas actividades, como sanación energética, manifestación de deseos, exploración de entornos astrales y comunicación con otros seres o entidades. A través de nuestras manos, podemos canalizar y dirigir energía, realizar gestos simbólicos o rituales, y establecer conexiones con la sabiduría y la guía espiritual que residen en este plano.

Es importante tener en cuenta que en el plano astral, nuestras manos no están limitadas por las restricciones físicas del mundo material. Pueden adoptar formas y capacidades diversas, respondiendo a la intención y la voluntad de nuestro ser astral. Esto nos brinda una mayor libertad y flexibilidad para explorar y trabajar con la energía en este reino multidimensional.

Al desarrollar nuestra conciencia y habilidades en el plano astral, podemos aprender a utilizar nuestras manos de manera más efectiva y poderosa. A través de la práctica y la experiencia, podemos fortalecer nuestra conexión con este aspecto de nuestro ser y utilizarlo como una herramienta para el crecimiento espiritual, la sanación y la exploración de los misterios del universo astral.

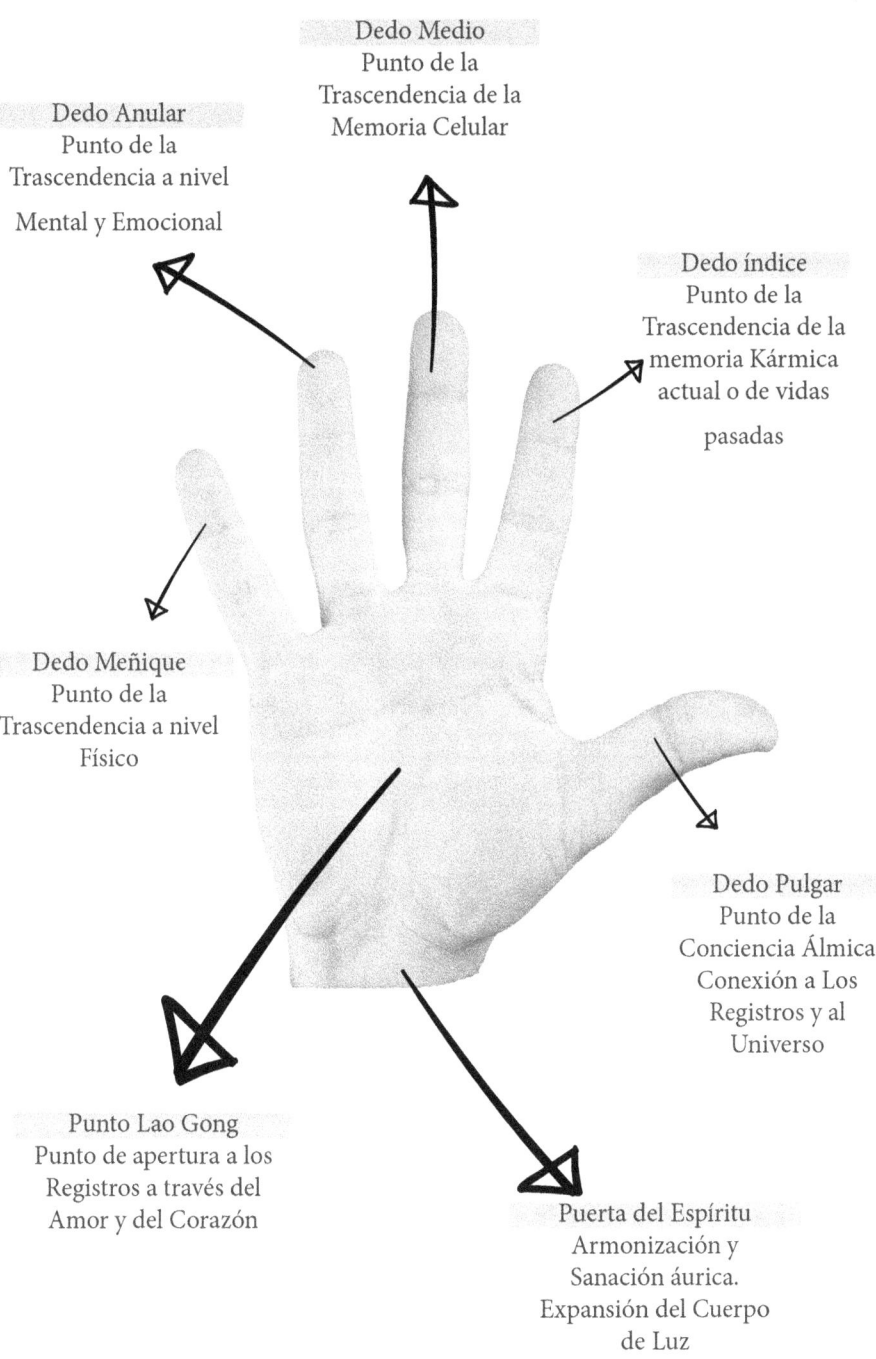

Dedo pulgar:

El dedo pulgar se considera un punto de conexión clave con la conciencia álmica y el universo en muchas tradiciones espirituales. Se cree que al enfocar la atención en este dedo, podemos abrirnos a recibir la guía intuitiva y la inspiración divina de los Registros Akáshicos. Además, el dedo pulgar está asociado con la voluntad y el poder personal, recordándonos nuestra capacidad para manifestar nuestras intenciones y crear la realidad que deseamos. Es un recordatorio de nuestra conexión con lo divino y nuestra capacidad para co-crear con el universo.

Dedo indice:

El dedo índice, también conocido como el dedo señalador, es un símbolo de dirección y enfoque en muchas tradiciones espirituales. Se cree que este dedo tiene la capacidad de apuntar hacia la verdad esencial y guiar nuestro camino hacia la sabiduría interior. Al usar el dedo índice en prácticas espirituales, como la meditación o la sanación, podemos dirigir nuestra intención y energía hacia nuestros objetivos espirituales. Este dedo también puede simbolizar nuestra conexión con el poder de la manifestación, recordándonos nuestra capacidad para crear nuestra realidad con nuestros pensamientos y acciones.

Dedo medio:

El dedo medio, en ciertas enseñanzas espirituales, se considera un punto de acceso a la trascendencia de la memoria celular. Se cree que este dedo tiene el poder de conectar con las memorias más profundas almacenadas en nuestras células, que pueden incluir experiencias pasadas, emociones arraigadas y patrones de comportamiento. Al trabajar con el dedo medio en prácticas de sanación y liberación emocional, se busca desbloquear estas memorias celulares y permitir su liberación y transformación. Este dedo representa la capacidad de trascender las limitaciones del pasado y acceder a un estado de mayor conciencia y libertad.

Dedo anular:

El dedo anular se considera en algunas tradiciones espirituales como un punto de acceso a la trascendencia a nivel mental y emocional. Se cree que este dedo tiene el poder de conectar con aspectos más profundos de nuestra mente y nuestras emociones, permitiéndonos trascender patrones de pensamiento limitantes y liberar emociones reprimidas. Al trabajar con el dedo anular en prácticas de meditación y sanación emocional, se busca abrirnos a una mayor conciencia y comprensión de nosotros mismos, así como a una mayor capacidad para manejar nuestras emociones de manera saludable y equilibrada. Este dedo representa la capacidad de elevarnos por encima de las limitaciones mentales y emocionales para acceder a un estado de paz y armonía interior.

Dedo meñique:

El dedo meñique se considera en algunas enseñanzas espirituales como un punto de acceso a la trascendencia a nivel físico. Se cree que este dedo tiene el poder de conectar con aspectos más sutiles de nuestro ser físico, como la energía vital y la fuerza vital que anima nuestro cuerpo. Al trabajar con el dedo meñique en prácticas de sanación y bienestar físico, se busca abrirnos a una mayor conciencia y conexión con nuestro cuerpo, permitiéndonos experimentar una sensación de ligereza y fluidez en nuestro ser

Punto Lao Gong:

El punto Laogong, conocido también como "Palacio del Trabajo", es un punto de acupuntura situado en el centro de la palma de la mano, justo en el medio, donde se forma un pequeño hoyo cuando se cierra el puño. En algunas enseñanzas espirituales y prácticas de sanación energética, se considera un punto de apertura a los Registros a través del amor y del corazón. Se cree que al enfocar nuestra atención en este punto y dirigir intenciones de amor y apertura desde el corazón, podemos acceder a una mayor conexión con la sabiduría universal y la guía espiritual que reside en los Registros Akáshicos. Al trabajar con el punto Laogong, buscamos abrirnos a la energía del amor incondicional y la compasión, permitiendo que fluyan a través de nosotros y nos guíen en nuestro camino de crecimiento espiritual y autoconocimiento. Este punto representa la capacidad de abrir el corazón y recibir la sabiduría divina que está disponible para nosotros en todo

Puerta del Espíritu:

La Puerta del Espíritu es un punto energético que representa la conexión con lo divino. Al abrir esta puerta, accedemos a la armonización y sanación de nuestra aura, así como a la expansión de nuestra conciencia y nuestro cuerpo de luz. Es un proceso que nos lleva a experimentar una mayor conexión con nuestra esencia espiritual y la energía universal.

Tipo de Música para conectar con los Registros Akáshicos

La música puede ser una herramienta poderosa para ayudar a conectar con los Registros Akáshicos y facilitar un estado de relajación y receptividad. A continuación, se presentan algunos tipos de música que pueden ser útiles para este propósito:

Música Meditativa: La música meditativa, con sus sonidos suaves, armoniosos y tranquilizadores, puede ayudar a inducir un estado de calma y serenidad, lo que facilita la conexión con los Registros Akáshicos. Ejemplos incluyen música ambiental, música de spa, música de yoga y música new age.

Música Binaural: La música binaural utiliza tonos específicos para estimular diferentes frecuencias cerebrales, lo que puede ayudar a alcanzar estados alterados de conciencia y facilitar la conexión con la intuición y la espiritualidad. Estas frecuencias pueden incluir theta (para la meditación profunda y la intuición) y alpha (para la relajación y la creatividad).

Música Instrumental: La música instrumental, especialmente aquella que utiliza instrumentos suaves y etéreos como la flauta, el piano, el arpa o el violín, puede ser muy efectiva para inducir un estado de paz interior y receptividad espiritual.

Mantras y Cantos Sagrados: Los mantras y cantos sagrados tienen una vibración especial que puede elevar la conciencia y ayudar a abrir el corazón y la mente a la conexión espiritual. Ejemplos incluyen mantras sánscritos, cantos tibetanos y cánticos de devoción.

Sonidos Naturales: Los sonidos de la naturaleza, como el canto de los pájaros, el sonido del agua corriente o el susurro del viento, pueden tener un efecto calmante y ayudar a establecer una conexión más profunda con el mundo natural y el universo.

Música Cósmica o Espacial: La música inspirada en el cosmos y el espacio puede evocar una sensación de expansión y conexión con la vastedad del universo, lo que puede ser útil para abrir la mente a la conexión con los Registros Akáshicos.

Capítulo 8: Leyes Espirituales (Consejo Kármico)

Estas entidades son parte de la cosmología espiritual y de la metafísica de las enseñanzas de la Nueva Era y la espiritualidad de la Nueva Era. Cada una representa una energía particular o aspecto del universo y se asocia con un rayo específico, según la tradición de la Jerarquía Espiritual. Aquí hay una breve descripción de cada una:

Gran Director Divino - 1º Rayo: Se le considera el director espiritual de la Jerarquía Espiritual y representa la voluntad divina, el poder y la protección. Es visto como el líder de los Maestros Ascendidos.

Diosa de la Libertad - 2º Rayo: También conocida como Lady Libertad, representa la energía de la libertad, la justicia y el discernimiento. Su rayo se asocia con el amor sabio y compasivo.

Nada - 3º Rayo: Es conocida como la Diosa de la Verdad. Su energía se relaciona con la verdad, la claridad mental y la iluminación espiritual. Se asocia con el rayo rosa de amor divino.

Elohim Cyclopea - 4º Rayo: Junto con su contraparte, Virginia, representa la visión divina y la claridad mental. Se asocia con el rayo blanco de la pureza y la verdad.

Porcia - 5º Rayo: Representa la energía de la verdad y la justicia. Se asocia con el rayo verde de la curación, la verdad y la provisión divina.

Palas Atenea - 6º Rayo: Conocida como la diosa de la verdad, la sabiduría y la justicia. Se asocia con el rayo dorado-rubí del conocimiento y la paz.

Kwan Yin - 7º Rayo: Es venerada como la diosa de la compasión y la misericordia en muchas tradiciones espirituales del este asiático. Se asocia con el rayo violeta de la transmutación y la alquimia espiritual.

Estas figuras son consideradas guías y maestros espirituales que ofrecen orientación, protección y apoyo en el camino espiritual de los individuos que trabajan con sus energías. Su significado y sus atributos pueden variar según la tradición o la enseñanza espiritual específica.

Diosa Isis en los registros Akáshicos

La diosa Isis es una figura venerada en muchas tradiciones espirituales y mitologías, incluida la egipcia. En los Registros Akáshicos, se considera que la energía de Isis está presente como una representación arquetípica de la feminidad divina, la sabiduría, la sanación y la protección. Se cree que su presencia en los Registros Akáshicos puede ofrecer guía, apoyo y revelación en el camino espiritual de quienes buscan conectarse con ella. Como un arquetipo poderoso y antiguo, la energía de Isis puede ser invocada durante las sesiones de Registros Akáshicos para ayudar en la sanación emocional, la integración espiritual y el despertar de la conciencia. Su presencia simboliza la conexión con la fuente divina y la capacidad de traer luz, amor y transformación a nuestras vidas.

Cómo saber si estoy Canalizando o si es mi imaginación

Es común tener dudas sobre si se está canalizando información genuina o simplemente imaginando cosas. Aquí hay algunas señales que pueden indicar que estás canalizando:

Claridad y coherencia: La información que recibes durante la canalización es clara, coherente y tiene un propósito o mensaje claro. No es confusa ni contradictoria.

Sensación de conexión: Durante la canalización, es posible que sientas una conexión profunda con la fuente de la información. Puedes experimentar una sensación de flujo o inspiración mientras recibes mensajes.

Validación externa: La información que canalizas puede ser validada por otras personas o situaciones externas. Por ejemplo, puede proporcionar información precisa sobre eventos futuros o detalles de la vida de otra persona que no podrías haber conocido de otra manera.

Sentido de paz y amor: La canalización genuina tiende a venir con una sensación de paz, amor y benevolencia. Puedes sentir una energía positiva y tranquilizadora mientras canalizas.

Cambios positivos: La información que recibes durante la canalización puede llevarte a realizar cambios positivos en tu vida o a tener una comprensión más profunda de ti mismo y del mundo que te rodea.

Sin embargo, también es importante estar atento a ciertas señales que podrían indicar que no estás canalizando de manera genuina:

Falta de coherencia: Si la información que recibes es confusa, contradictoria o no tiene sentido, es posible que no estés canalizando de manera genuina.

Ego involucrado: Si notas que tu ego está interfiriendo en la canalización, como deseos de impresionar a otros o sentirte superior, es posible que no estés canalizando de manera auténtica.

Sensaciones negativas: La canalización genuina suele venir con una sensación de paz y amor. Si experimentas sensaciones negativas, miedo o malestar durante la canalización, es posible que no estés conectando con una fuente positiva.

Falta de validación: Si la información que recibes no puede ser validada de ninguna manera o no tiene sentido para ti o para otros, es posible que no estés canalizando de manera genuina.

¿Qué es la Gracia Divina y el Camino de la Gracia Divina?

La gracia divina es un concepto espiritual que se refiere a la bondad, el amor y la benevolencia infinitos de lo divino hacia la humanidad. Se considera una fuerza poderosa que trasciende el entendimiento humano y que se otorga sin merecimiento alguno por parte del individuo. En diversas tradiciones religiosas y espirituales, la gracia divina se percibe como un regalo sagrado y una manifestación del amor incondicional de lo divino hacia todas las criaturas.

El camino de la gracia divina es el viaje espiritual que emprende un individuo para abrirse y recibir la gracia divina en su vida. Implica cultivar una profunda conexión con lo divino a través de la oración, la meditación, la devoción y la práctica espiritual. En este camino, uno reconoce su propia limitación humana y se entrega al poder y la sabiduría superiores de lo divino. Se trata de abrir el corazón y la mente para recibir los regalos y las bendiciones de la gracia divina, permitiendo que transformen y guíen la vida del individuo hacia un mayor amor, paz y realización espiritual.

El camino de la gracia divina puede implicar rendirse al flujo del universo y confiar en que lo divino siempre está presente, guiando y protegiendo en cada paso del camino. Es una invitación a vivir en un estado de humildad, gratitud y aceptación, reconociendo que cada experiencia, ya sea de alegría o de desafío, es una oportunidad para crecer y aprender. A través de la práctica del desapego y la entrega, uno permite que la gracia divina fluya libremente en su vida, transformando cada aspecto de su ser y llevándolo hacia una mayor unidad con lo divino y con todos los seres.

Capítulo 9: Técnica para ingresar a los Registros Akáshicos

Una técnica común para ingresar a los Registros Akáshicos implica seguir un proceso de meditación guiada. Aquí tienes una descripción general de esta técnica:

Preparación: Encuentra un lugar tranquilo y cómodo donde puedas sentarte o acostarte sin distracciones. Tómate unos momentos para relajarte y respirar profundamente, dejando de lado cualquier tensión o preocupación.

Intención: Establece una intención clara y positiva para tu sesión de Registros Akáshicos. Puedes decir en voz alta o en tu mente algo como: "Estoy abierto/a y receptivo/a a recibir la sabiduría y la orientación de mis Registros Akáshicos para mi mayor bien y el de todos los seres involucrados".

Visualización: Visualiza una puerta o entrada en tu mente que te lleve a los Registros Akáshicos. Imagina que estás frente a esta puerta y que estás listo/a para cruzarla hacia un espacio sagrado y lleno de luz.

Invocación: Puedes invocar a tus guías espirituales, ángeles o maestros ascendidos para que te acompañen y te protejan durante tu viaje a los Registros Akáshicos. Pídeles su ayuda y orientación para recibir la información que necesitas.

Ingreso: Con calma y confianza, cruza la puerta mentalmente y entra en el espacio de los Registros Akáshicos. Imagina que estás rodeado/a por una luz brillante y amorosa que te envuelve con su energía sanadora y protectora.

Exploración: Una vez dentro de los Registros Akáshicos, mantén la mente abierta y receptiva a cualquier impresión, sensación o información que recibas. Puedes hacer preguntas específicas o simplemente permitir que la sabiduría fluya hacia ti de forma natural.

Registro: Si lo deseas, lleva un diario o cuaderno contigo para registrar tus experiencias, percepciones y mensajes recibidos durante la sesión de Registros Akáshicos. Esto te ayudará a recordar y reflexionar sobre la información recibida más tarde.

Finalización: Cuando estés listo/a para salir de los Registros Akáshicos, da las gracias a tus guías espirituales y a la energía divina por su orientación y apoyo. Imagina que cruzas la puerta de regreso al espacio físico y que vuelves a tu estado de conciencia normal, llevando contigo la sabiduría y la luz de los Registros Akáshicos.

Pedido de protección y ofrenda del resultado

El pedido de protección y la ofrenda del resultado son aspectos importantes dentro de la práctica de acceder a los Registros Akáshicos. Aquí te explico más sobre cada uno:

Pedido de Protección: Antes de iniciar cualquier sesión de conexión con los Registros Akáshicos, es común y recomendable pedir protección espiritual. Esto implica invocar la presencia de guías espirituales, ángeles o seres de luz para que te acompañen, te protejan y te guíen durante el proceso. Puedes pedir protección para ti mismo/a, para el espacio en el que te encuentras y para todos los seres involucrados. La protección puede ser solicitada mediante oraciones, afirmaciones o visualizaciones, y su propósito es crear un ambiente seguro y amoroso para la conexión con los Registros Akáshicos.

Ofrenda del Resultado: Después de completar una sesión de acceso a los Registros Akáshicos y recibir la información deseada, es una práctica común realizar una ofrenda o expresión de gratitud hacia lo divino por la orientación recibida. Esto puede tomar diversas formas según tus creencias y preferencias personales. Algunas personas eligen realizar una oración de agradecimiento, otras hacen una ofrenda física como una vela, incienso, flores o alimentos, y otras simplemente expresan su gratitud con palabras desde el corazón. La ofrenda del resultado es una manera de honrar y reconocer la sabiduría y el amor que has recibido de los Registros Akáshicos, así como de mantener una conexión continua con lo divino a lo largo de tu camino espiritual.

Decreto de pedido de Ingreso a los Registros Akáshicos

Para realizar un decreto de pedido de ingreso a los Registros Akáshicos, puedes seguir este modelo:

"En este momento sagrado y lleno de luz, invoco la presencia divina y las energías amorosas del universo para acompañarme en mi viaje hacia los Registros Akáshicos. Con humildad y respeto, pido permiso para acceder a esta fuente sagrada de sabiduría y conocimiento universal.

Que mi corazón esté abierto y receptivo a las enseñanzas y orientaciones que los Registros Akáshicos tienen para ofrecerme en este momento. Que mi mente esté clara y serena, lista para recibir la verdad y la luz que se presenten ante mí.

En nombre del amor y la unidad, solicito la protección y la guía de mis guías espirituales, ángeles y seres de luz durante este proceso. Que su presencia amorosa me envuelva y me sostenga mientras navego por las profundidades de los Registros Akáshicos.

Que esta experiencia sea para mi mayor bien y el de todos los seres involucrados. Que la sabiduría que reciba aquí me guíe en mi camino de crecimiento espiritual y autoconocimiento.

Con gratitud y amor en mi corazón, doy gracias por la oportunidad de conectarme con los Registros Akáshicos y por las bendiciones que recibiré en este sagrado encuentro. Que así sea, y así se haga."

Entrar a los Registros Akáshicos de otras personas

Acceder a los Registros Akáshicos de otras personas es una práctica delicada que requiere un profundo respeto y responsabilidad. Aquí hay una descripción general de cómo se puede realizar este proceso:

Primero, es importante obtener el consentimiento de la persona cuyos Registros Akáshicos deseas acceder. El acceso a estos registros es una experiencia íntima y personal, y es fundamental respetar la privacidad y la autonomía de cada individuo.

Una vez que hayas obtenido el consentimiento, puedes seguir un proceso similar al que utilizarías para acceder a tus propios Registros Akáshicos. Esto generalmente implica establecer un espacio sagrado y protegido, establecer una intención clara y positiva, y luego entrar en un estado receptivo a través de la meditación, la visualización o la conexión intuitiva.

Durante la sesión, mantén una actitud de apertura, humildad y respeto hacia la persona cuyos registros estás explorando. Sé consciente de que estás entrando en un espacio sagrado y sensible que contiene información profundamente personal y significativa para esa persona.

Es importante recordar que el propósito de acceder a los Registros Akáshicos de otra persona debe ser siempre para su mayor bien y beneficio. Evita hacer juicios o interpretaciones sobre la información que recibas y mantén el enfoque en ofrecer orientación y apoyo amorosos.

Después de la sesión, asegúrate de respetar la privacidad y confidencialidad de la información que hayas recibido. No compartas detalles personales o sensibles sin el consentimiento explícito de la persona. Siempre es recomendable ofrecer un espacio seguro para que la persona procese y reflexione sobre la información recibida, y estar disponible para brindar apoyo adicional si es necesario.

Conclusión

Al llegar al final de este viaje de descubrimiento espiritual a través de las páginas de este libro, es mi esperanza que hayas encontrado la inspiración y las herramientas necesarias para emprender tu propio camino hacia la apertura de los Registros Akáshicos.

En estas páginas, hemos explorado los profundos misterios de los Registros Akáshicos, desde su fascinante origen hasta sus prácticas y técnicas para acceder a ellos. Hemos aprendido que más allá de ser un simple acto de clarividencia, abrir los Registros Akáshicos es una puerta hacia la sabiduría universal y una profunda conexión con nuestra esencia más elevada.

A lo largo de este viaje, te he guiado a través de los pasos necesarios para prepararte mental, emocional y espiritualmente para esta experiencia sagrada. Te he compartido meditaciones, prácticas y consejos para abrir tu corazón y tu mente a la infinita sabiduría que aguarda en los Registros.

Recuerda siempre que el acceso a los Registros Akáshicos es un privilegio y una responsabilidad. Requiere humildad, respeto y un profundo compromiso con tu crecimiento espiritual. Cada vez que te sumerjas en este océano de conocimiento, hazlo con la certeza de que estás siendo guiado/a por la luz divina y el amor incondicional del universo.

Que este libro sea solo el comienzo de tu viaje hacia la exploración de los Registros Akáshicos. Que te inspire a seguir buscando, aprendiendo y creciendo en tu práctica espiritual. Que cada revelación que recibas en los Registros te lleve más cerca de tu verdadero yo y te guíe hacia una vida de mayor plenitud, propósito y amor.

Que la luz de los Registros Akáshicos ilumine tu camino en todo momento y te recuerde que eres infinitamente amado/a, apoyado/a y guiado/a por las fuerzas divinas del universo.

Gracias por permitirme ser parte de tu viaje hacia la apertura de los Registros Akáshicos. Que la sabiduría que has adquirido aquí te acompañe en cada paso del camino, y que siempre encuentres la paz y la claridad que buscas en la conexión con tu ser superior y la fuente universal de todo conocimiento.

www.ingramcontent.com/pod-product-compliance
Lightning Source LLC
Chambersburg PA
CBHW021015090426
42738CB00007B/789